Johann Gottlieb Fichte

Grundriß des Eigenthümlichen der Wissenschaftslehre

in Rücksicht auf das theoretische Vermögen als Handschrift für seine

Zuhörer

Johann Gottlieb Fichte

Grundriß des Eigenthümlichen der Wissenschaftslehre
in Rücksicht auf das theoretische Vermögen als Handschrift für seine Zuhörer

ISBN/EAN: 9783743699984

Hergestellt in Europa, USA, Kanada, Australien, Japan

Cover: Foto ©ninafisch / pixelio.de

Weitere Bücher finden Sie auf **www.hansebooks.com**

Grundriſs

des

Eigenthümlichen

der

Wiſſenſchaftslehre

in

Rükſicht auf das theoretiſche Vermögen

---

als

Handſchrift für ſeine Zuhörer

von

IOHANN GOTTLIEB FICHTE.

Jena und Leipzig

bei Chriſtian Ernſt Gabler.

1795.

Zweite Lieferung

der

Grundlage

der

gesammten Wissenschaftslehre.

Vorrede.

Ich würde vor diefem Buche, das nicht eigentlich für das Publikum beftimmt war, demfelben
nichts zu fagen gehabt haben, wenn es nicht,
fogar ungeendigt, auf die indiskretefte Weife
vor einen Theil deffelben wäre gezogen worden.
Ueber Dinge der Art vor der Hand nur foviel! —

Ich glaubte, und glaube noch, den Weg
entdekt zu haben, auf welchem die Philofophie

fich

sich zum Range einer evidenten Wissenschaft erheben muss. Ich kündigte dies *) bescheiden an, legte dar, wie ich nach dieser Idee gearbeitet haben würde, wie ich nun nach veränderter Lage nach ihr arbeiten müsste, und fing an den Plan in's Werk zu setzen. Dies war natürlich. Es war aber eben so natürlich, dass andre Kenner, und Bearbeiter der Wissenschaft meine Idee untersuchten, prüften, beurtheilten, dass sie, sie mochten nun innere oder äussere Gründe haben, sich den Weg nicht gefallen zu lassen, den ich die Wissenschaft führen wollte, mich zu widerlegen suchten. Aber wozu es dienen sollte, das was ich behauptet, geradezu ohne alle Prüfung zu verwerfen, höchstens sich die Mühe zu nehmen, es zu verdrehen, jede Gelegenheit herbeizuziehen, um es auf die leidenschaftlichste Weise zu schmähen, und zu verschreien, lässt sich nicht einsehen.

Was

*) In der Schrift: *Ueber den Begriff der Wissenschaftslehre, oder der sogenannten Philosophie:* Weimar im Verlage des Industrie Comptoirs. 1794.

Was mag doch jene Beurtheiler fo ganz aus ihrer Faffung gebracht haben? Sollte ich von Nach-
beterei, und Seichtigkeit mit Achtung fprechen,
da ich diefelben doch gar nicht achte? Was hätte dazu mich verbinden follen? — befonders da
ich mehr zu thun hatte, und vor mir jeder Stüm-
per ruhig feinen Weg hätte gehen mögen, wenn
er mich nicht nöthigte durch Aufdeckung feiner Stümperei mir felbft Plaz zu machen.

Oder hat ihr feindfeeliges Benehmen noch
einen andern Grund? — Für ehrliche Leute fey
folgendes gefagt, für welche allein es einen
Sinn hat. — Was auch meine Lehre fey, ob äch-
te Philofophie, oder Schwärmerei, und Unfinn,
fo verfchlägt dies meiner Perfon nichts, wenn
ich redlich geforfcht habe. Ich würde durch
das Gluk, die erftere entdekt zu haben, meinen
perfönlichen Werth fo wenig gehoben, als durch
das Unglük, neue Irrthümer auf die Irrthümer
aller Zeiten aufgebaut zu haben, denfelben er-

nie-

niedrigt glauben. An meine Perfon denke ich
überall nicht: aber für die Wahrheit bin ich ent-
flammt, und was ich für wahr halte, das werde
ich immer fo ftark, und fo entfcheidend fagen,
als ich es vermag.

Im gegenwärtigen Buche, wenn man die
Schrift: *Grundrifs des Eigenthümlichen der Wif-*
fenfchaftslehre in Rükficht auf das theoretifche
Vermögen mit dazu nimmt, glaube ich mein Syftem fo weit verfolgt zu haben, dafs jeder Kenner fowohl den Grund, und Umfang deffelben,
als auch die Art, wie auf jenen weiter aufgebaut werden mufs, vollftändig überfehen könne. Meine Lage erlaubt mir nicht, ein beftimmtes Verfprechen abzulegen, *wann* und *wie* ich die
Bearbeitung deffelben fortfetzen werde.

Die Darftellung erkläre ich felbft für höchft
unvollkommen, und mangelhaft, theils weil fie
für meine Zuhörer, wo ich durch den mündli-
chen Vortrag nachhelfen konnte, in einzelnen

Bo-

Bogen, ſo wie ich für meine Vorleſungen eines bedurfte, erſcheinen muſste; theils weil ich
eine feſte Terminologie — das bequemſte Mit-
tel für Buchſtäbler jedes Syſtem ſeines Geiſtes zu
berauben, und es in ein troknes Geripp zu verwandeln — ſo viel möglich zu vermeiden ſuch-
te. Ich werde dieſer Maxime, auch bei künftigen Bearbeitungen des Syſtems, bis zur endlichen vollendeten Darſtellung deſſelben, treu
bleiben. Ich will jezt noch gar nicht zubauen,
ſondern möchte nur das Publikum veranlaſſen,
mit mir den künftigen Bau zu überſchlagen. Man
wird aus dem Zuſammenhange erklären, und
ſich erſt eine Ueberſicht des Ganzen verſchaffen
müſſen, ehe man ſich einen einzelnen Satz ſcharf
beſtimmt; eine Methode, die freilich den gu-
ten Willen vorausſezt, dem Syſteme Gerechtig-
keit wiederfahren zu laſſen, nicht die Abſicht,
nur Fehler an ihm zu finden,

Ich

Ich habe viele Klagen über die Dunkelheit, und Unverständlichkeit des bis jezt auswärts bekannten Theils dieses Buchs, wie auch der Schrift: *Ueber den Begriff der Wissenschaftslehre*, gehört.

Gehen die die leztere Schrift betreffenden Klagen insbesondre auf §. 8. derselben, so kann ich allerdings Unrecht gehabt haben, daß ich die bei mir durch das ganze System bestimmten Grundsätze desselben hingab, ohne das System; und mir von den Lesern und Beurtheilern die Geduld versprach, alles so unbestimmt zu lassen, als ich es gelassen hatte. Gehen sie auf die ganze Schrift, so bekenne ich im Voraus, daß ich im Fache der Spekulation für diejenigen nie etwas verständliches werde schreiben können, denen sie unverständlich war. Ist jene Schrift die Grenze ihres Verstehens, so ist sie die Grenze meiner Verständlichkeit; unsre Geister sind durch diese Grenze von einander geschieden, und ich ersuche sie mit dem Lesen meiner Schriften nicht

die

die Zeit zu verderben. — Habe diefes Nicht-
verftehen einen Grund, welchen es wolle, es
liegt in der Wiffenfchaftslehre felbft ein Grund,
warum fie gewiffen Lefern immer unverftändlich
bleiben mufs: der, dafs fie das Vermögen der
Freiheit der innern Anfchauung vorausfezt. —
Dann verlangt jeder philofophifche Schriftfteller
mit Recht, dafs der Lefer den Faden des Räfon-
nemehfs feft halte, und nichts vorhergegange-
nes vergeffen habe, wenn er bei dem folgenden
fteht. Etwas, das unter diefen Bedingungen
nicht verftanden werden könnte, und nicht nothwendig richtig verftanden werden müfste in diefen Schriften — ift mir wenigftens nicht bekannt;
und ich glaube allerdings, dafs der Verfaffer eines
Buchs felbft bei Beantwortung diefer Frage eine
Stimme habe. Was vollkommen klar gedacht
worden ift, ift verftändlich; und ich bin mir bewufst, alles vollkommen klar gedacht zu haben, fo dafs ich jede Behauptung zu jedem

be-

beliebigen Grade der Klarheit erheben wollte, wenn mir Zeit, und Raum genug gegeben ist.

Besonders halte ich für nöthig zu erinnern, daſs ich nicht alles ſagen, ſondern meinem Leſer auch etwas zum Denken überlaſſen wollte. Es ſind mehrere Misverſtändniſſe, die ich ſicher vorausſehe, und denen ich mit ein paar Worten hätte abhelfen können. Ich habe auch dieſe paar Worte nicht geſagt, weil ich das Selbſtdenken unterſtützen möchte. - Die Wiſſenſchaftslehre ſoll ſich überhaupt nicht *aufdringen*, ſondern ſie ſoll *Bedürfniſs ſeyn*, wie ſie es ihrem Verfaſſer war.

Die künftigen Beurtheiler dieſer Schrift erſuche ich auf das Ganze einzugehen, und jeden einzelnen Gedanken aus dem Geſichtspunkte des Ganzen anzuſehen. Der Halliſche Recenſent äuſſert ſeine Vermuthung, daſs ich bloſs einen Scherz habe treiben wollen; die andern Beurtheiler der Schrift: *Ueber den Begriff der Wiſſen-*

ſchafts-

fchaftslehre, fcheinen dies gleichfalls geglaubt zu haben; fo leicht gehen fie über die' Sache hin, und fo fpashaft find ihre Erinnerungen, als ob fie Scherz durch Scherz zu erwiedern hätten.

Ich kann zu Folge der Erfahrung, dafs ich bei'm dreimaligen Durcharbeiten diefes Syftems meine Gedanken über einzelne Sätze deffelben jedesmal anders modificirt gefunden, erwarten, dafs fie bei fortgefeztem Nachdenken fich immer weiter verändern und bilden werden. Ich werde felbft am forgfältigften daran arbeiten, und jede brauchbare Erinnerung von andern wird mir willkommen feyn. — Ferner, fo innig ich überzeugt bin, dafs die Grundfätze, auf welchen diefes ganze Syftem ruht, unumftöfslich find, und fo ftark ich auch hier und da diefe Ueberzeugung mit meinem vollen Rechte geäuffert habe, fo wäre es doch eine mir bis jezt freilich undenkbare Möglichkeit, dafs fie dennoch umgeftoffen würden. Auch das würde mir willkommen feyn, weil

weil die Wahrheit dadurch gewinnen würde. Man laſſe ſich nur ein auf dieſelben, und verſuche es, ſie umzuſtoſſen.

Was mein Syſtem eigentlich ſey, und unter welche Klaſſe man es bringen könne, ob ächter durchgeführter Kriticismus, wie *ich* glaube, oder wie man es ſonſt nennen wolle, thut nichts zur Sache. Ich zweifle nicht, daſs man ihm mancherlei Namen finden, und es mehrerer einander gerade zuwider laufenden Ketzereien beſchuldigen werde. Dies mag man; nur verweiſe man mich nicht an alte Widerlegungen, ſondern widerlege ſelbſt. Iena zur Oſtermeſſe 1795.

§. 1. Begriff der besondern theoretischen Wissenschaftslehre.

Wir sind in der Grundlage der gesammten Wissenschaftslehre zur Begründung einer theoretischen ausgegangen von dem Satze: das Ich sezt sich als bestimmt durch das Nicht-Ich. Wir haben untersucht, wie, und auf welche Weise etwas diesem Satze entsprechendes als ursprünglich im vernünftigen Wesen vorhanden gedacht werden könne. Wir haben, nach Absonderung alles unmöglichen, und widersprechenden die gesuchte einzig mögliche Weise aufgefunden. So gewiß nun jener Satz gelten soll, und so gewiß er nur auf die angezeigte Weise gelten kann, so gewiß muß dieselbe als Faktum ursprünglich in unserm Geiste vorkommen. Dieses postulirte Faktum war folgendes: auf Veranlassung eines bis jezt noch völlig unerklärbaren, und unbegreiflichen Anstoßes auf die ursprüngliche Thätigkeit des Ich produciert die zwischen der ursprünglichen Richtung dieser Thätigkeit, und der durch die Reflexion entstandne — schwebende Einbildungskraft etwas aus beiden Richtungen zusammengeseztes. Da im Ich, laut seines Begriffes, nichts seyn kann, das es nicht in sich setze, so muß es auch jenes Faktum in sich setzen, d. i. es muß sich dasselbe ursprünglich erklären, vollständig bestimmen, und begründen.

Ein

Ein System derjenigen Thatsachen, welche in der
ursprünglichen Erklärung jenes Faktum im Geiste des
vernünftigen Wesens vorkommen, ist eine theoretische
Wissenschaftslehre überhaupt; und jene ursprüngliche
Erklärung umfaßt das theoretische Vermögen der Vernunft. — Ich sage mit Bedacht: die *ursprüngliche* Erklärung jenes Faktum. Dasselbe ist ohne unser wissentliches Zuthun in uns vorhanden; es wird ohne unser wissentliches Zuthun, bloß durch, und nach den
Gesetzen und der Natur eines vernünftigen Wesens erklärt; und die verschiednen unterscheidbaren Momente im Fortgange dieser Erklärung sind neue Thatsachen.
Die Reflexion geht auf das ursprüngliche Faktum; und
dies nenne ich denn die ursprüngliche Erklärung. —
Etwas ganz anderes ist die wissentliche, und wissen-
schaftliche Erklärung, die wir bei'm transscendentalen
Philosophiren vornehmen. In ihr geht die Reflexion
eben auf jene ursprüngliche Erklärung des ersten Faktum, um dieselbe wissenschaftlich aufzustellen.

Wie das Ich im allgemeinen jenes Faktum in sich
setze, haben wir schon in der Deduktion der Vorstellung überhaupt kurz angezeigt. Es war dort von der
Erklärung dieses Faktum *überhaupt* die Rede, und wir
abstrahierten völlig von der Erklärung irgend eines
besondern unter diesen Begriff gehörigen Faktum, *als
eines besondern.*

Dies kam lediglich daher, weil wir nicht in alle
Momente dieser Erklärung eingingen, noch eingehen
konnten. Sonst würden wir gefunden haben, daß
kein dergleichen Faktum, als Faktum überhaupt sich
vollständig bestimmen lasse, daß es nur als besonderes
Fak-

Faktum völlig bestimmbar sey, und dafs es jedesmal ein durch ein anderes Faktum der gleichen Art bestimmtes sey, und seyn müsse. Es ist demnach gar keine vollständige theoretische Wissenschaftslehre möglich, ohne dafs es eine *besondere* sey; und unsre Darstellung derselben mufs nothwendig, wenn wir nach den Regeln der Wissenschaftslehre konsequent zu Werke gehen, die Darstellung einer besondern theoretischen Wissenschaftslehre werden, weil wir zu seiner Zeit nothwendig auf die Bestimmung eines Faktum dieser Art durch ein entgegengeseztes der gleichen Art kommen müssen.

Hierüber noch einige Worte zur Erläuterung. *Kant* geht aus von der Voraussetzung, dafs ein *Mannigfaltiges* für die mögliche Aufnahme zur Einheit des Bewustseyns gegeben sey, und er konnte, von dem Punkte aus, auf welchen er sich gestellt hatte, von keiner andern ausgehen. Er begründete dadurch das besondre für die theoretische Wissenschaftslehre; er wollte nichts weiter begründen, und ging daher mit Recht von dem besondern zum allgemeinen fort. Auf diesem Wege nun läfst sich zwar ein kollektives Allgemeines, ein Ganzes der bisherigen Erfahrung, als Einheit unter den gleichen Gesetzen, erklären: nie aber ein unendliches Allgemeines, ein Fortgang der Erfahrung in die Unendlichkeit. Von dem Endlichen aus giebt es keinen Weg in die Unendlichkeit; wohl aber giebt es umgekehrt einen von der unbestimmten, und unbestimmbaren Unendlichkeit, durch das Vermögen des Bestimmens zur Endlichkeit, (und darum ist alles Endliche Produkt des bestimmenden.) Die Wissenschaftslehre, die das ganze System des menschlichen Geistes umfas-

sen soll, muſs diesen Weg nehmen, und vom Allgemeinen zum Besondern herabsteigen. Daſs für eine
mögliche Erfahrung ein *Mannigfaltiges* gegeben sey,
muſs erwiesen werden; und der Beweiſs wird folgen-
dermaassen geführt werden: das gegebene muſs *etwas*
seyn, es ist aber nur insofern etwas, inwiefern es noch
ein anderes giebt, daſs auch etwas, aber etwas anderes ist; und von dem Punkte an, wo dieser Beweiſs
möglich seyn wird, werden wir in den Bezirk des Besondern treten.

Die *Methode* der theoretischen Wissenschaftslehre
ist schon in der Grundlage beschrieben, und sie ist
leicht, und einfach. Der Faden der Betrachtung wird
an dem hier durchgängig als Regulativ herrschenden
Grundsatze: *nichts kommt dem Ich zu, als das, was es in
sich sezt*, fortgeführt. Wir legen das oben abgeleitete
Faktum zum Grunde, und sehen, wie das Ich dasselbe
in sich setzen möge. Dieses Setzen ist gleichfals ein
Faktum, und muſs durch das Ich gleichfals in sich gesezt werden; und so beständig fort, bis wir bei dem
höchsten theoretischen Faktum ankommen; bei demjenigen, durch welches das Ich (mit Bewuſstseyn) sich
sezt, als bestimmt durch das Nicht-Ich. So endet die
theoretische Wissenschaftslehre mit ihrem Grundsatze,
geht in sich selbst zurük, und wird demnach durch
sich selbst vollkommen beschlossen.

Es könnten unter den abzuleitenden Thatsachen
sich leicht charakteristische Unterschiede zeigen, die
uns zu einer Eintheilung derselben, und mit ihnen der
Wissenschaft, welche sie aufstellt, berechtigten. Diese Eintheilungen aber werden, der synthetischen Me-
tho-

thode gemäſs, erst da gemacht, wo ſich die Einthei.
lungsgründe hervorthun.

Die Handlungen, durch welche das Ich irgend etwas in sich sezt, sind hier, weil auf dieselben reflektirt wird, Fakta, wie so eben gesagt worden; aber es
folgt daraus nicht, daſs sie das seyen, was man ge-
wöhnlich Fakta des Bewustseyns nennt, oder daſs man
sich derselben, als Thatsachen der (innern) Erfahrung
wirklich bewuſst werde. Giebt es ein Bewuſstseyn, so
ist dies selbst eine Thatsache, und muſs abgeleitet werden, wie alle übrige Thatsachen: und giebt es wiederum
besondere Bestimmungen dieses Bewuſstseyns, so müssen auch diese sich ableiten lassen, und sind eigentliche
Fakta des Bewuſstseyns.

Es erhellet daraus, theils, daſs es, wie schon mehrmals erinnert worden, der Wissenschaftslehre nicht
zum Vorwurfe gereiche, wenn etwas, das sie als Faktum aufstellet, sich in der (innern) Erfahrung nicht
vorfindet. Sie giebt dies gar nicht vor; sie erweis't
blos, daſs nothwendig gedacht werden müsse, daſs etwas einem gewissen Gedanken entsprechendes im
menschlichen Geiste vorhanden sey. Soll dasselbe nicht
in Bewuſstseyn vorkommen, so giebt sie zugleich den
Grund an, warum es daselbst nicht vorkommen könne,
nemlich weil es unter die Gründe der Möglichkeit alles Bewuſstseyns gehört. — Theils erhellet, daſs die
Wissenschaftslehre auch bei demjenigen, was sie wirklich als Thatsache der innern Erfahrung aufstellt, sich
dennoch nicht auf das Zeugniſs der Erfahrung, sondern auf ihre Deduktion stütze. Hat sie richtig deducirt, so wird freilich ein Faktum, gerade so beschaf-

fen,

fen, wie sie es deducirt hat, in der Erfahrung vorkommen. Kommt kein dergleichen Faktum vor, so hat sie
freilich unrichtig deducirt, und der Philosoph für seine
Person wird in diesem Falle wohl thun, wenn er zu-
rükgeht, und dem Fehler im Folgern, welchen er ir-
gendwo gemacht haben mufs, nachspürt. Aber die
Wissenschaftslehre, als Wissenschaft, fragt schlechterdings nicht nach der Erfahrung, und nimmt auf sie
schlechthin keine Rüksicht. Sie müste wahr seyn,
wenn es auch gar keine Erfahrung geben könnte (ohne
welche freilich auch keine Wissenschaftslehre in con-
creto möglich seyn würde, was aber hieher nicht gehört) und sie wäre a priori sicher, dafs alle mögliche
künftige Erfahrung sich nach den durch sie aufgestellten Gesetzen würde richten müssen.

§. 2. Erster Lehrsatz.

Das aufgezeigte Faktum wird gesezt: durch
Empfindung, oder Deduktion
der Empfindung.

I.

Der in der Grundlage beschriebene Widerstreit entgegengesezter Richtungen der Thätigkeit des Ich ist etwas im Ich unterscheidbares. Er soll, so gewifs er im
Ich ist, durch das Ich im Ich gesezt; er mufs demnach zuförderst unterschieden werden. Das Ich sezt
ihn heist zuförderst; *es setzt denselben sich entgegen.*

Es ist bis jezt, d. h. auf diesem Punkte der Reflexion, im Ich noch gar nichts gesezt; es ist nichts in
demselben, als was ihm ursprünglich zukommt, *reine*

Thä-

Thätigkeit. Das Ich sezt etwas sich entgegen, heist also hier nichts weiter, und kann hier nichts weiter heissen, als: es sezt etwas *nicht als reine Thätigkeit*. So würde demnach jener Zustand des Ich im Widerstreite gesezt, als das Gegentheil der reinen, als gemischte, sich selbst widerstrebende, und sich selbst vernichtende Thätigkeit. — Die jezt aufgezeigte Handlung des Ich ist blos antithetisch.

Wir lassen hier gänzlich ununtersucht, wie, auf welche Art und Weise, und durch welches Vermögen das Ich irgend etwas setzen möge, da in dieser ganzen Lehre die Rede lediglich von den Produkten seiner Thätigkeit ist. — Aber es wurde schon in der Grundlage erinnert, dafs, wenn der Widerstreit je im Ich gesezt werden, und aus demselben etwas weiteres folgen solle, durch das blofse *Setzen* der Widerstreit, als solcher, das Schweben der Einbildungskraft zwischen den Entgegengesezten, aufhören, dennoch aber die Spur desselben, als ein *etwas*, als ein möglicher *Stoff*, übrig bleiben müsse. Wie dies geschehen möge, sehen wir schon hier, ohngeachtet wir das Vermögen, durch welches es geschieht, noch nicht sehen. — Das Ich mufs jenen *Widerstreit* entgegengesezter Richtungen, oder, welches hier das gleiche ist, entgegengesezter Kräfte setzen; also weder die eine allein, noch die zweite allein, sondern beide; und zwar beide *im Widerstreite*, in entgegengesezter, aber völlig sich das Gleichgewicht haltender Thätigkeit. Entgegengesezte Thätigkeit aber, die sich das Gleichgewicht hält, vernichtet sich, und es bleibt nichts. Doch soll etwas bleiben, und gesezt werden: es bleibt demnach ein *ru-*

hender

bender Stoff, etwas *Krafthabendes*, welches dieselbe wegen des Widerstandes nicht in Thätigkeit äussern kann, ein *Substrat* der Kraft, wie man sich jeden Augenblik durch ein mit sich selbst angestelltes Experiment überzeugen kann. Und zwar, worauf es hier eigentlich ankommt, bleibt dieses Substrat nicht als ein *vorhergesetztes*, sondern als *blosses Produkt der Vereinigung entgegengesezter Thätigkeiten*. Dies ist der Grund alles Stoffs, und alles möglichen bleibenden Substrats im Ich (und ausser dem Ich *ist* nichts) wie sich immer deutlicher ergeben wird.

II.

Das Ich aber soll jenen Widerstreit *in sich* setzen: es muss demnach denselben sich auch *gleich setzen*, ihn auf sich selbst beziehen, und dazu bedarf es eines Beziehungsgrundes in demselben mit dem Ich. Dem Ich kommt, wie so eben erinnert worden, bis jezt nichts zu, als reine Thätigkeit. Nur diese ist bis jezt auf das Ich zu beziehen, oder demselben gleich zu setzen: der gesuchte Beziehungsgrund könnte demnach kein andrer seyn, denn reine Thätigkeit, und es müste im Widerstreite selbst reine Thätigkeit des Ich angetroffen, oder richtiger, *gesezt*, synthetisch hineingetragen werden.

Aber die im Widerstreite begriffene Thätigkeit des Ich ist so eben als *nicht rein* gesezt worden. Sie muss, wie wir jetzo sehen, für die Möglichkeit der Beziehung auf das Ich auch als *rein* gesezt werden. Sie ist demnach *ihr selbst entgegengesezt*. Dies ist unmöglich und widersprechend, wenn nicht noch ein drittes gesezt wird, worinn dieselbe ihr selbst gleich, und entgegengesezt

gesczt zugleich sey. *Es muſs demnach ein solches drittes,*
als synthetisches Glied der Vereinigung gesezt werden.

Ein solches drittes aber wäre *eine aller Thätigkeit des*
Ich überhaupt entgegengesezte Thätigkeit (des Nicht-Ich) welche die Thätigkeit des Ich im Widerstreite völlig unterdrükte, und vernichtete, indem sie ihr das Gleichgewicht
hielte. Es muſs demnach, wenn die geforderte Beziehung möglich seyn, und der gegen sie sich auflehnen-
de Widerspruch gehoben werden soll, eine solche völlig entgegengesezte *Thätigkeit* gesezt werden.

Dadurch wird der aufgezeigte Widerspruch wirklich gelös't, und die geforderte Entgegensetzung der im
Widerstreite begriffenen Thätigkeit des Ich mit sich
selbst wird möglich. Diese Thätigkeit ist rein, und
ist als rein zu setzen, wenn die entgegengesetzte Thätigkeit des Nicht-Ich, welche sie unwiderstehlich zu-
rükdrängt, weggedacht, und von ihr abstrahirt wird;
sie ist nicht rein, sondern objektiv, wenn die entgegengesezte Thätigkeit in Beziehung mit ihr gesezt wird. Sie
ist demnach nur unter Bedingung rein oder nicht rein;
diese Bedingung kann gesezt, oder nicht gesezt werden. So wie gesezt wird, daſs dies eine Bedingung,
d. i. ein solches sey, was gesezt, oder nicht gesezt werden
kann; wird gesezt, daſs jene Thätigkeit des Ich ihr selbst
entgegengesezt werden könne.

Die jezt aufgezeigte Handlung ist *thetisch, antithetisch,*
und *synthetisch* zugleich. *Thetisch*, inwiefern sie eine,
schlechterdings nicht wahrzunehmende, entgegengesezte Thätigkeit ausser dem Ich sezt. *(Wie* das Ich
dies vermöge, davon wird erst tiefer unten die Rede
seyn; hier ist nur gezeigt, *daſs* es geschehe, und ge-

schegeschehen müsse.) *Antithetisch*, inwiefern sie durch Setzen, oder Nichtsetzen der Bedingung eine und eben dieselbe Thätigkeit des Ich ihr selbst entgegensezt. *Synthetisch*, inwiefern sie durch das Setzen der entgegengesezten Thätigkeit, *als* einer zufälligen Bedingung, jene Thätigkeit als eine und eben dieselbe sezt.

III.

Und erst jezt ist die geforderte Beziehung der im Widerstreite befindlichen Thätigkeit auf das Ich, das Setzen derselben als eines etwas, das dem Ich zukommt, die Zueignung derselben möglich. Sie wird, weil und inwiefern sie sich auch als rein betrachten läfst, und weil sie rein seyn würde, wenn jene Thätigkeit des Nicht-Ich nicht auf sie einwirkte, und weil sie nur unter Bedingung eines völlig fremdartigen und gar nicht im Ich liegenden, sondern demselben geradezu entgegengesezten nicht rein, sondern objectiv ist, gesezt in das Ich. — Es ist wohl zu merken, und ja nicht aus der Acht zu lassen, dafs diese Thätigkeit nicht etwa blofs, inwiefern sie als rein, sondern auch inwiefern sie als objektiv gesezt ist, mithin *nach* der Synthesis, und mit alle dem, was durch die Synthesis, in ihr vereinigt ist, auf das Ich bezogen werde. Die in sie gesezte Reinheit ist blos der *Beziehungsgrund*; das *bezogne* ist sie, inwiefern sie gesezt wird, als rein, *wenn* die entgegengesezte Thätigkeit nicht auf sie wirken würde, aber jezt als *objectiv*, *weil* die entgegengesezte Thätigkeit wirklich auf sie wirkt *)

In

---

*) *Aenesidemus* erinnert gegen *Reinhold*, dafs nicht blofs die Form der Vorstellung, sondern die ganze Vorstel-

c In dieser Beziehung wird die dem Ich entgegengesezte Thätigkeit *ausgeschlossen*; die Thätigkeit des Ich
mag nun als rein, oder als objektiv betrachtet werden;
denn in beiden Rücksichten wird dieselbe als Bedingung gesezt, einmal, als eine solche, von welcher ab-
strahiert, einmal, als eine solche, auf welche reflektirt werden muſs. (Ueberhaupt *gesezt* wird sie freilich in jedem
Falle; wie und durch welches Vermögen, davon ist
hier die Rede nicht.) — Und hier liegt denn, wie sich
immer deutlicher ergeben wird, der lezte Grund, warum das Ich aus sich herausgeht, und etwas ausser sich
sezt. Hier zuerst lös't sich, daſs ich mich so ausdrücke,
etwas ab von dem Ich; welches durch weitere Bestimmung sich allmählich in ein Universum mit allen seinen Merkmalen verwandeln wird.

Die abgeleitete Beziehung heiſst *Empfindung* (gleichsam *Insichfindung*. Nur das fremdartige wird *gefunden*;
das ursprünglich im Ich gesezte ist immer da.) Die
aufgehobne vernichtete Thätigkeit des Ich, ist das *Empfundne*. Sie ist empfunden, fremdartig, inwiefern sie
unterdrückt ist, was sie ursprünglich, und durch das
Ich selbst gar nicht seyn kann. Sie ist empfunden, etwas
im Ich — inwiefern sie nur unter Bedingung einer ent-
gegen-

stellung auf das Subjekt bezogen werde. Dies ist
völlig richtig, die ganze Vorstellung ist das bezogne; aber es ist zugleich richtig, daſs nur die
Form derselben der Beziehungsgrund ist. Gerade
so ist es auch in unserm Falle. — Beziehungsgrund, und Bezognes muſs nicht verwechselt werden, und damit dies in unsrer Deduktion überhaupt nicht geschehe, müssen wir gleich vom Anfange an sorgfältig dagegen auf der Hut seyn.

gegengesezten Thätigkeit unterdrückt ist, und, wenn
diese Thätigkeit wegfiele, selbst Thätigkeit, und reine
Thätigkeit seyn würde. — Das *Empfindende* ist begreiflicher Weise das in der abgeleiteten Handlung *beziehende* Ich; und dasselbe *wird* begreiflicher Weise *nicht empfunden*, inwiefern es *empfindet*; und es ist demnach hier
von demselben gar nicht die Rede. Ob, und wie, und
durch welche bestimmte Handlungsweise dasselbe gesezt
werde, muſs sogleich im folgenden §. untersucht werden. Eben so wenig ist hier die Rede von, der in der Empfindung ausgeschloſsnen entgegengesezten Thätigkeit
des Nicht-Ich; denn auch diese wird nicht empfunden,
da sie ja zum Behuf der Möglichkeit der Empfindung
überhaupt ausgeschlossen werden muſs. Wie, und
durch welche bestimmte Handelsweise sie gesezt werde,
wird sich in der Zukunft zeigen.

Diese Bemerkung, daſs einiges hier völlig uner-
klärt, und unbestimmt bleibt, darf uns nicht befrem-
den: vielmehr dient sie selbst zur Bestätigung eines in
der Grundlage aufgestellten Satzes über die synthetische Methode: daſs nemlich durch dieselbe immer nur
die mittlern Glieder vereinigt würden, die äussern Enden aber, (wie hier das empfindende Ich, und die dem
Ich entgegengesezte Thätigkeit des Nicht-Ich sind,)
für folgende Synthesen unvereinigt blieben.

§ 3. Zweiter Lehrsatz.

Das empfindende wird gesezt durch An-schauung oder: Deduktion der An-schauung.

Es ist im vorigen §. deducirt worden die Empfindung
als eine Handlung des Ich, durch welche dasselbe etwas in sich aufgefundnes fremdartiges auf sich bezieht,

sich

sich zueignet, in sich sezt. Wir lernten kennen sowohl diese Handlung selbst, oder die *Empfindung*, als den Gegenſtand derselben, das *Empfundne*. Unbekannt blieb, und es muſte nach den Regeln der ſynthetiſchen Methode unbekannt bleiben, sowohl das *Empfindende*, das in jener Handlung thätige Ich, als auch die in der Empfindung ausgeschloſsne, und dem Ich entgegengesezte Thätigkeit des Nicht-Ich. Es ist nach unsrer nunmehrigen hinlänglichen Kenntniſs der synthetiſchen Methode zu erwarten, daſs unser nächstes Geschäft das seyn wird, diese ausgefchloſsnen äussersten Enden synthetisch zu vereinigen, oder wenn auch dies noch nicht möglich seyn sollte, wenigstens ein Mittelglied zwischen sie einzuschieben.

Wir gehen aus von folgendem Satze: Im Ich ist, laut des vorigen, Empfindung; da nun dem Ich nichts zukommt, als dasjenige, was dasselbe in sich sezt, so muſs das Ich die Empfindung ursprünglich in sich setzen, es muſs sich dieselbe zueignen. — Dieses Setzen der Empfindung ist nicht etwa schon deducirt. Wir haben im vorigen §. zwar gesehen, wie das Ich das Empfundne in sich setze, und die Handlung dieses Setzens war eben die Empfindung; nicht aber, wie es in sich die Empfindung selbst, oder sich, als das Empfindende setze.

I.

Es muſs zu diesem Behufe zuförderst die Thätigkeit des Ich im Empfinden, d. i. im Zueignen des empfundnen durch Gegensetzung unterschieden werden können von dem Zugeeigneten, oder dem Empfundnen.

Nach dem vorigen §. ist das Empfundne eine Thätigkeit des Ich, insofern sie betrachtet wird, als im Strei-

Streite begriffen mit einer entgegengesezten ihr völlig gleichen Kraft, durch welche sie vernichtet, und aufgehoben wird; als Nicht-Thätigkeit, die jedoch Thätigkeit seyn könnte, und würde, wenn die entgegengeseczte Kraft wegfiele; demnach nach dem obigen als *ruhende* Thätigkeit, als Stoff, oder Substrat der Kraft.

Die dieser entgegenzusetzende Thätigkeit muſs demnach gesezt werden, als nicht unterdrükt, noch gehemmt durch eine entgegengesezte Kraft, mithin als wirkliche Thätigkeit, ein wirkliches Händeln.

II.

Die leztere wirkliche Thätigkeit nun soll gesezt werden in das Ich, die ihr entgegengesezte, gehemmte und unterdrükte Thätigkeit aber muſste nach dem vorigen §. auch gesezt werden in das Ich. Dies widerspricht sich, wenn nicht beide, sowohl die wirkliche, als die unterdrükte Thätigkeit durch synthetische Vereinigung auf einander zu beziehen find. Ehe wir demnach die geförderte Beziehung der so eben aufgezeigten Thätigkeit auf das Ich vornehmen können, müssen wir zuförderst die ihr entgegengesezte auf sie beziehen. Ausserdem erhielten wir allerdings ein neues Faktum in das Ich, aber wir verlören, und verdrängten dadurch das vorige, hätten nichts gewonnen, und wären um keinen Schritt weiter gekommen.

Beides, die aufgezeigte wirkliche Thätigkeit des Ich, und jene unterdrükte müssen auf einander bezogen werden. Das aber ist nach den Regeln aller Synthesis nur dadurch möglich, dafs beide vereinigt, oder, welches

ches das gleiche heifst, dafs zwischen beide ein bestimmtes drittes gesezt werde, das Thätigkeit (des Ich) und
zugleich Leiden, (unterdrükte Thätigkeit) sey.

Dieses dritte soll Thätigkeit des Ich seyn; es soll demnach lediglich und schlechthin durch das Ich gesezt seyn;
also ein durch die Handelsweise des Ich begründetes Handeln, mithin ein Setzen, und zwar ein bestimmtes Setzen
eines Bestimmten. Das Ich soll *Real-Grund* desselben
seyn

Es soll seyn ein Leiden des Ich, wie auch aus der
so eben davon gemachten Beschreibung hervorgeht. —
Es soll seyn ein bestimmtes begrenztes Setzen, aber
das Ich kann sich nicht selbst begrenzen, wie in der
Grundlage zur Gnüge dargethan worden. Die Begrenzung desselben müste demnach von aussen, vom Nicht-
Ich, wenn auch etwa mittelbar, herkommen. Das Nicht-
Ich soll demnach seyn *Ideal-Grund* desselben; der Grund
davon, dafs es überhaupt Quantität hat.

Es soll beides zugleich seyn; das so eben Unter-
schiedne soll sich in demselben nicht absondern lassen.
Das Faktum soll sich betrachten lassen, als auch seiner *Bestimmung* nach schlechthin gesezt durch das
Ich, und auch seinem *Seyn* nach als gesezt durch
das Nicht-Ich. Ideal- und Real-Grund sollen in ihm
innig vereinigt, Eins und eben dasselbe seyn.

Wir wollen es vorläufig nach diesen beiden Beziehungen, die in ihm als möglich gefordert werden, betrachten; um es sogleich völlig kennen zu lernen. —
Es ist ein Handeln des Ich, und soll sich seiner ganzen Bestimmung nach betrachten lassen, als blos, und

lediglich im Ich begründet. Es soll sich zugleich betrachten lassen, als Produkt eines Handeln des Nicht-Ich,
als allen seinen Beſtimmungen nach im Nicht-Ich begründet. — Also soll nicht etwa die Beſtimmung der
Handelsweise des Ich die des Nicht-Ich, noch soll umgekehrt die Beſtimmung der Handelsweise des Nicht-Ich
die des Ich bestimmen; sondern beide sollen völlig unabhängig aus eignen Gründen, und nach eignen Gesetzen neben einander fortlaufen, und doch soll zwischen ihnen
die innigste Harmonie statt finden. Die Eine soll gerade
seyn, was die andere iſt, und umgekehrt.

Bedenkt man, daſs das Ich setzend iſt, daſs mithin
diese in ihm schlechthin begründet seyn sollende Thätigkeit ein Setzen seyn muſs, so sieht man sogleich,
daſs diese Handlung ein *Anschauen* seyn müsse. Das Ich
betrachtet ein Nicht-Ich, und es kommt ihm hier weiter
nichts zu, als das Betrachten. Es sezt sich in der Betrachtung, als solcher, völlig unabhängig vom Nicht-
Ich; es betrachtet aus eignem Antriebe ohne die geringste Nöthigung von aussen; es sezt durch eigne
Thätigkeit, und mit dem Bewuſstseyn eigner Thätigkeit ein Merkmal nach dem andern in seinem Bewuſstseyn. Aber es sezt dieselben als Nachbildungen eines
ausser ihm Vorhandnen. — In diesem ausser ihm Vorhandnen sollen nun die nachgebildeten Merkmale wirklich anzutreffen seyn, und zwar nicht etwa zu Folge
des Geseztseyns im Bewustseyn, sondern völlig unabhängig vom Ich, nach eignen in dem Dinge selbst be-
gründeten Gesetzen. Das Nicht-Ich bringt nicht die
Anschauung im Ich, das Ich bringt nicht die Beschaffenheit des Nicht-Ich hervor, sondern beide sollen
völlig unabhängig von einander seyn, und dennoch soll
zwi-

zwischen beyden die innigste Harmonie seyn. Wenn
es möglich wäre von der einen Seite das Nicht-Ich an
sich, und nicht vermittelst der Anschauung, und von
der andern das anschauende an sich in der blofsen
Handlung des Anschauens, und ohne Beziehung auf
das angeschaute Nicht-Ich zu beobachten, so würden
sie sich auf die gleiche Art bestimmt finden. — Wir
werden bald sehen, dafs der menschliche Geist diesen
Versuch wirklich, aber freilich nur vermittelst der Anschauung, und nach den Gesetzen derselben, doch ohne dessen sich bewufst zu seyn vornimmt; und dafs
eben daher die geforderte Harmonie entspringt.

Es ist allerdings zu bewundern, dafs diejenigen,
welche die Dinge an sich zu erkennen glaubten, jene
leichte Bemerkung, die sich schon durch die mindeste
Reflexion über das Bewufstseyn darbietet, nicht mach-
ten, und dafs sie nicht von ihr aus auf den Gedanken
geriethen, nach dem Grunde der vorausgesezten Harmonie zu fragen, die doch offenbar nur vorausgesezt,
nicht aber wahrgenommen wird, noch werden kann.
Wir haben jezt den Grund alles Erkennens, als eines
solchen deducirt; wir haben gezeigt, warum das Ich
Intelligenz ist, und seyn mufs; nemlich darum, weil
es einen *in ihm selbst* befindlichen Widerspruch zwischen
seiner Thätigkeit, und seinem Leiden *ursprünglich* (ohne Bewufstseyn, und zum Behuf der Möglichkeit alles
Bewufstseyns) vereinigen mufs. Es ist klar, dafs wir
dies nicht vermocht hätten, wenn wir nicht über alles
Bewufstseyn hinaus gegangen wären.

Wir machen durch folgende Bemerkung das deducirte deutlicher, werfen im voraus Licht auf das folgende

gende, und befördern die helle Einsicht in die Methode. — Wir betrachten in unsern Deduktionen immer nur das Produkt der angezeigten Handlung des menschlichen Geistes, nicht die Handlung selbst. In jeder folgenden Deduktion wird die Handlung, durch welche das erste Produkt hervorgebracht wurde, durch eine neue Handlung, die darauf geht, wieder Produkt. Was in jeder vorhergehenden ohne weitere Bestimmung als ein Handeln des Geistes aufgestellt wird, wird in jeder folgenden gesezt, und weiter bestimmt. Demnach muſs auch in unserm Falle die so eben synthetisch abgeleitete Anschauung, sich schon in der vorigen Deduktion als ein Handeln vorfinden. Die daselbst aufgezeigte Handlung bestand darin, daſs das Ich seine im Widerstreit befindliche Thätigkeit, nach hinweggedachter Bedingung als thätig, mit hinzugedachter aber als unterdrükt, und ruhend, doch aber in das Ich sezte. Eine solche Handlung ist offenbar die abgeleitete Anschauung. Sie ist an sich, *als* Handlung ihrem Daseyn nach, lediglich im Ich begründet, in dem Postulate, daſs das Ich in sich setze, was in demselben angetroffen werden soll, laut des vorigen §. Sie sezt etwas in dem Ich, was schlechthin nicht durch das Ich selbst, sondern durch das Nicht-Ich begründet seyn soll, den geschehenen Eindruk. Sie ist, als Handlung, völlig unabhängig von demselben, und derselbe von ihr, und geht mit ihm parallel. — Oder daſs ich meinen Gedanken, wiewohl durch ein Bild, völlig klar mache — die ursprüngliche reine Thätigkeit des Ich ist durch den Anstoſs modificirt, und gleichsam gebildet worden, und ist insofern dem Ich gar nicht zuzuschreiben. Jene andere freie Thätigkeit reiſst dieselbe,

be, so wie sie ist, von dem eindringenden Nicht-Ich
los, betrachtet, und durchläuft sie, und sieht, was in
ihr enthalten ist; kann aber dasselbe gar nicht für die
reine Gestalt des Ich, sondern nur für ein Bild vom
Nicht-Ich halten.

III.

Wir machen nach diesen vorläufigen Untersuchungen, und Andeutungen, die eigentliche Aufgabe uns
noch deutlicher.

Die Handlung des Ich im Empfinden soll geseczt,
und bestimmt werden, d. h. auf populäre Art ausgedrükt, wir werfen die Frage auf, wie macht es das
Ich, um zu empfinden, durch welche Handelsweise
ist ein Empfinden möglich?

Diese Frage dringt sich uns auf, denn nach dem
oben gesagten scheint das Empfinden nicht möglich.
Das Ich soll etwas fremdartiges in sich setzen; dieses
fremdartige ist Nicht-Thätigkeit, oder Leiden, und
das Ich soll selbiges durch Thätigkeit *in sich* setzen;
das Ich soll demnach thätig, und leidend zugleich seyn,
und nur unter Voraussetzung einer solchen Vereinigung ist die Empfindung möglich. Es muss demnach
etwas aufgezeigt werden, in welchem Thätigkeit und
Leiden so innig vereinigt sind, dass diese bestimmte
Thätigkeit nicht ohne dieses bestimmte Leiden, und
dass dieses bestimmte Leiden nicht ohne jene bestimmte Thätigkeit möglich sey; dass eins nur durch das andere sich erklären lasse, und dass jedes an sich betrachtet unvollständig sey; dass die Thätigkeit nothwendig
auf ein Leiden, und das Leiden nothwendig auf eine
Thätigkeit treibe, — denn das ist die Natur der oben
geforderten Synthesis.

B 2

Keine

Keine Thätigkeit im Ich kann auf das Leiden sich so beziehen, dafs sie dasselbe *hervorbrächte*, oder dasselbe als durch das Ich hervorgebracht sezte; denn dann würde das Ich etwas in sich setzen, und vernichten zugleich, welches sich widerspricht. (Die Thätigkeit des Ich kann nicht auf die Materie des Leiders gehen) Aber sie kann dasselbe bestimmen, seine Grenze ziehen. Und dies ist eine Thätigkeit, die ohne ein Leiden nicht möglich ist; denn das Ich kann nicht selbst einen Theil seiner Thätigkeit aufheben, wie so eben gesagt worden; derselbe mufs durch etwas ausser dem Ich schon aufgehoben seyn. Das Ich kann demnach keine Grenze setzen, wenn nicht schon von aussen ein zu begrenzendes gegeben ist. Das *Bestimmen* also ist eine Thätigkeit, die sich nothwendig auf ein Leiden bezieht.

Eben so würde ein Leiden sich nothwendig auf die Thätigkeit beziehen, und nicht möglich seyn ohne Thätigkeit, wenn dasselbe eine blosse *Begrenzung der Thätigkeit* wäre. Keine Thätigkeit, keine Begrenzung derselben; mithin kein Leiden von der Art des Angeführten. (Ist keine Thätigkeit im Ich, so ist gar kein Eindruck möglich; die Art der Einwirkung ist demnach gar nicht lediglich im Nicht-Ich, sondern zugleich im Ich begründet.)

Das gesuchte dritte Glied zum Behuf der Synthesis ist demnach *die Begrenzung.*

Das Empfinden ist lediglich insofern möglich, inwiefern das Ich, und Nicht-Ich sich gegenseitig begrenzen, und nicht weiter, als auf dieser, beiden gemeinschaftlichen Grenze. (Diese Grenze ist der eigent-

gentliche Vereinigunspunkt des Ich, und Nicht-Ich.
Nichts haben sie gemein, als diese, und können auch
nichts weiter gemein haben, da sie einander völlig entgegengesezt seyn sollen. Von diesem gemeinschaftlichen Punkte aus aber scheiden sie sich; von ihm aus
wird das Ich erst Intelligenz, indem es frei über die
Grenze schreitet, und dadurch etwas aus sich selbst,
über sie hinüber, und auf dasjenige, was über derselben liegen soll, überträgt; oder, wenn man die Sache
von einer andern Seite ansieht, indem es etwas, das
nur dem über derselben liegenden zukommen soll, in
sich selbst aufnimmt. Beides ist in Rüksicht der Resultate völlig gleichgültig.)

IV.

Begrenzung ist demnach das dritte Glied, durch
welches der aufgezeigte Widerspruch gehoben, und
die Empfindung, als Vereinigung einer Thätigkeit,
und eines Leidens möglich werden soll.

Zuförderst, vermittelst der Begrenzung ist das *Empfindende* beziehbar auf das Ich, oder populärer ausgedrükt, das Empfindende ist Ich, und läfst sich setzen
als Ich, inwiefern es in der Empfindung, und durch
sie begrenzt ist. Nur inwiefern es als begrenzt gesezt
werden kann, ist das Empfindende das Ich, und das
Ich empfindend. Wäre es nicht begrenzt, (durch etwas ihm entgegengeseztes) so könnte die Empfindung
dem Ich gar nicht zugeschrieben werden.

Das Ich begrenzt sich in der Empfindung, wie wir
im vorigen §. gesehen haben. Es schliefst etwas von
sich aus, als ein Fremdartiges, sezt sich demnach in

B 3 gewisse

gewisse Schranken, über welche hinaus es nicht, sondern ein demselben entgegengeseztes liegen soll. Es
ist jezt, etwa für irgend eine Intelligenz ausser ihm,
begrenzt.

, Iezt soll die *Empfindung selbst* gesezt d. h. zuförderst
in Rüksicht auf das eine so eben aufgezeigte Glied
derselben, das Ausschliessen, (es wird in derselben
auch bezogen, aber davon ist jezt nicht die Rede) das
Ich soll *als begrenzt* gesezt werden. Es soll nicht nur
für eine mögliche Intelligenz ausser ihm, sondern *für*
sich selbst begrenzt seyn.

· Inwiefern das Ich begrenzt *ist*, geht es nur *bis* an
die Grenze. Inwiefern es sich sezt, als begrenzt, geht
es nothwendig darüber hinaus; es geht auf die Grenze
selbst, *als solche*, und da eine Grenze nichts ist, ohne
zwei entgegengesezte, auch auf das über derselben liegende.

Das Ich, als solches, wird begrenzt gesezt, heifst
zuförderst: es wird, wofern es innerhalb der Grenze
liegt, *entgegengesezt*, einem insofern und durch diese
bestimmte Grenze nicht begrenzten Ich. Ein solches
unbegrenztes Ich mufs demnach zum Behuf des postulirten Entgegensetzens *gesezt* werden.

· Das Ich ist unbegrenzt, und schlechthin unbegränz-
bar, inwiefern seine Thätigkeit nur von ihm abhängt,
und lediglich in ihm selbst begründet ist, inwiefern
sie demnach, wie wir uns immer ausgedrükt haben,
ideal ist. Eine solche lediglich ideale Thätigkeit wird
gesezt, und gesezt, als über die Begrenzung hinausgehend. (Unsere gegenwärtige Synthesis greift, wie
sie soll, wieder ein in die im vorigen §. aufgestellte.
Auch

Auch dort muste durch das Empfindende die gehemmte Thätigkeit als Thätigkeit; als etwas das Thätigkeit
seyn würde, wenn der Widerstand des Nicht-Ich wegfiele, und das Ich lediglich von sich selbst abhinge, mit
hin als Thätigkeit in idealer Beziehung gesezt werden.
Hier wird dieselbe gleichfals wieder, nur mittelbar, und
nur nicht allein, sondern gemeinschaftlich mit der auch
vor dem Punkte des Anstofses liegenden Thätigkeit
(wie gleichfals nothwendig ist, wenn unsre Erörterung
weiter vorrücken, und Feld gewinnen soll) als Thätigkeit gesezt.)

Ihr wird entgegengesezt die begrenzte Thätigkeit,
die demnach, inwiefern sie begrenzt seyn soll, nicht
ideal ist, deren Reihe nicht vom Ich, sondern von dem
ihm entgegengesezten Nicht-Ich abhängt, und die wir
eine auf das *Wirkliche* gehende Thätigkeit nennen wollen.

Es ist klar, dafs dadurch die Thätigkeit des Ich,
nicht etwa, inwiefern sie gehemmt, und nicht gehemmt
ist, sondern selbst inwiefern sie in Handlung ist, ihr
selbst entgegengesezt, betrachtet werde, als gehend
auf das Ideale, oder auf das Reale. Die über den
Grenzpunkt, den wir C. nennen wollen, hinausgehende Thätigkeit des Ich ist lediglich ideal, und überhaupt nicht real, und die reale Thätigkeit geht überhaupt nicht über ihn hinaus. Die innerhalb der Begrenzung von A. bis C. liegende ist ideal, und real zugleich; das erstere insofern sie, Kraft des vorigen Setzens, als lediglich im Ich begründet, das leztere, insofern sie als begrenzt gesezt wird.

Fer-

Ferner ist klar, dafs diese ganze Unterscheidung
aus dem Gegensetzen entspringe: sollte nicht reale
Thätigkeit gesezt werden, so wäre keine ideale gesezt,
als ideale, denn sie wäre nicht zu unterscheiden, wäre keine ideale gesezt, so könnte auch keine reale gesezt
werden. Beides steht im Verhältnisse der Wechselbestimmung, und wir haben hier, nur durch die Anwendung etwas klärer, abermals den Satz: Idealität und
Realität sind synthetisch vereinigt. Kein Ideales, kein
Reales, und umgekehrt.

Jezt ist leicht zu zeigen, wie geschehe, was ferner
geschehen soll; dafs nemlich das entgegensezte wieder
synthetisch vereinigt, und auf das Ich bezogen werde.
Die zwischen A. und C. liegende Thätigkeit ist es,
die auf das Ich bezogen, demselben zugeschrieben werden soll. Sie wäre als begrenzte Thätigkeit nicht beziehbar, denn das Ich ist durch sich selbst nicht begrenzt; aber sie ift auch ideale, lediglich im Ich begründete, Kraft des vorher aufgezeigten Setzens der
idealen Thätigkeit überhaupt; und diese Idealität
(Freiheit, Spontaneität, wie zu seiner Zeit sich zeigen wird) ist der Beziehungsgrund. Begrenzt ist sie
blofs, inwiefern sie vom Nicht - Ich abhängt, welches
ausgeschlossen und als etwas fremdartiges betrachtet
wird. Doch wird sie — eine Anmerkung, deren Grund
im vorigen §. angegeben worden, — nicht etwa blofs
als ideale, sondern ausdrüklich als reale, und begrenzte Thätigkeit dem Ich zugeschrieben.

Diese bezogne Thätigkeit nun, inwiefern sie begrenzt ist, und etwas Fremdartiges von sich auschliefst
(denn bis jezt ist nur davon die Rede, nicht aber, wie
sie

sie es auch in sich aufnimmt,) ist offenbar die oben abgeleitete Empfindung, und es ist zum Theil geschehen, was gefordert wurde.

Man wird, nach den nun sattsam bekannten Regeln des synthetischen Verfahrens nicht in Versuchung gerathen, das in der deducirten Handlung *Bezogne* mit dem *Beziehenden* zu verwechseln. Wir charakterisiren das leztere, so viel es hier möglich, und nöthig ist.

Dasselbe geht mit seiner Thätigkeit offenbar über die Grenze hinaus, und nimmt gar nicht Rücksicht auf das Nicht-Ich, sondern schliefst vielmehr dasselbe aus; diese Thätigkeit ist demnach blofs ideal. Nun ist aber das, worauf bezogen wird auch nur ideale, gerade dieselbe ideale Thätigkeit des Ich. Also sind Beziehendes, und das worauf bezogen wird, gar nicht zu unterscheiden. Das Ich, ob es gleich gesezt, und darauf etwas bezogen werden sollte, kommt dennoch in dieser Beziehung für die Reflexion gar nicht vor. Das Ich handelt; das sehen wir auf dem wissenschaftlichen Reflexionspunkte, auf welchem wir stehen, und irgend eine das Ich beobachtende Intelligenz würde es sehen; aber das Ich selbst sieht es auf dem gegenwärtigen Punkte (wohl etwa auf einem möglichen künftigen) gar nicht. Also das Ich vergifst in dem Objekte seiner Thätigkeit, sich selbst, und wir haben eine Thätigkeit, die lediglich als ein Leiden erscheint, wie wir sie suchten. Diese Handlung heifst eine *Anschauung*; eine stumme, bewufstseynlose Contemplation, die sich im Gegenstande verliert. Das *Angeschaute* ist das Ich, inwiefern es empfindet. Das *Anschauende* gleichfals das Ich, das aber über sein Anschauen nicht reflektirt, noch insofern es anschaut, darüber reflektiren kann.

Hier

' Hier tritt zuerst ein in's Bewußtseyn ein Subtrat für das Ich, jene reine Thätigkeit, welche gesezt ist, als seyend, wenn auch kein fremder Einfluſs seyn sollte, welche aber gesezt wird zu Folge eines Gegensatzes, mithin durch Wechselbestimmung. Ihr Seyn soll unabhängig seyn von allem fremden Einflusse auf das Ich, ihr Geseztseyn aber ist von demselben abhängig.

V.

: Die Empfindung ist zu setzen; das ist die Forderung in diesem §. Aber Empfindung ist nur insofern möglich, inwiefern das Empfindende auf ein Empfundnes geht, und dasselbe in das Ich sezt. Demnach muſs durch den Mittelbegriff der Begrenzung auch das Empfundne beziehbar seyn auf das Ich.

Dasselbe ist zwar schon oben in der Empfindung darauf bezogen worden. Aber hier soll die Empfindug selbſt gesezt werden. Sie ist so eben gesezt worden durch eine Anschauung, in welcher aber das Empfundne ausgeschlossen wird. Offenbar ist dies nicht zureichend, sie muſs auch gesezt werden können, inwiefern sie dasselbe zueignet.

Diese Zueignung der Beziehung soll geschehen durch den Mittelbegriff der Begrenzung. Wenn die Begrenzung nicht gesezt wird, so ist die geforderte Beziehung nicht möglich ; nur durch diese ist sie möglich.

Dadurch, daſs Etwas in der Empfindung ausgeschlossen und gesezt wird, als dasselbe begrenzend, wird dieses Etwas selbst begrenzt von dem Ich, als ein demselben nicht zukommendes: aber eben als Objekt

dieser

dieser Handlung des Begrenzens, wird es von einem höhern Gesichtspunkte aus auch wieder *in dem Ich* erblikt. Das Ich begrenzt es; es muß daher wohl in ihm enthalten seyn.

Auf diesen höhern Gesichtspunkt nun haben wir uns hier zu stellen, um jenes Begrenzen des Ich als Handlung, wodurch das Begrenzte (das Empfundne) nothwendig in seinen Wirkungskreis kommt, zu setzen — und dadurch setzen wir denn, nach der Forderung das Empfindende — zwar nicht geradezu in das Ich, wie so eben geschehen — aber wir setzen es als Empfindendes, bestimmen seine Handelsweise, charakterifiren es, und machen es von allen Arten der Thätigkeit des Ich, die kein Empfinden sind, unterscheidbar.

Um dieses Begrenzen, durch welches das Ich sich zueignet das Empfundne, sogleich bestimmt kennen zu lernen, erinnern wir uns an das, was bei der Deduktion der Empfindung über diesen Punkt gesagt wurde. Das Empfundne wurde auf das Ich bezogen dadurch, daß eine dem Ich entgegengesezte Thätigkeit gesezt wurde lediglich als Bedingung, d. i. als ein solches, das gesezt werden könnte, oder auch nicht gesezt. Das Setzende in jenem Setzen oder Nicht-Setzen ist, wie immer, das Ich. Mithin wurde zum Behuf jener Beziehung nicht nur dem Nicht-Ich, sondern mittelbar auch dem Ich etwas zugeschrieben, nemlich das Vermögen etwas zu setzen, oder auch nicht zu setzen. Was wohl zu merken ist, nicht etwa das Vermögen zu setzen, oder das Vermögen nicht zu setzen, sondern das Vermögen *zu setzen oder nicht zu setzen*, sollte dem Ich zugeschrieben werden; es sollte in ihm demnach das

Setzen

Setzen eines bestimmten Etwas, und das Nicht-Setzen
dieses bestimmten Etwas zugleich, und synthetisch vereinigt vorkommen; und es mufs vorkommen, und kommt
allerdings vor in allen Fällen, wo etwas als zufällige
Bedingung gesezt wird, wie sehr auch diejenigen, deren Kenntnifs der Philofophie sich nicht über eine dürf-
tige Logik hinaus erstrekt, über logische Unmöglichkeit und Unbegreiflichkeit klagen, wenn ihnen ein Begriff dieser Art, die durch die Einbildungskraft producirt werden, und daher mit Einbildungskraft angefafst
werden müssen, ohne welche es aber gar keine Logik,
und gar keine logische Möglichkeit geben würde, ir-
gendwo vorkommen.

Der Gang der Synthesis ist folgender: Es wird
empfunden. Dies ist nur unter der Bedingung möglich, dafs das Nicht-Ich als blofse zufällige Bedingung
des Empfundnen gesezt werde; *wie* dies Setzen geschehe, davon haben wir hier noch nicht zu reden. Dasselbe ist aber nicht möglich, wenn nicht das Ich sezt,
un nicht sezt zugleich; und im Empfinden kommt demnach nothwendig eine solche Handlung, als Mittelglied,
zwischen den angezeigten Gliedern vor. Wir haben
zu zeigen, wie das Empfinden geschehe; wir haben
demnach zu zeigen, wie ein Setzen und Nicht-Setzen
geschehe.

Die Thätigkeit in diesem Setzen und Nicht-Setzen
ist zuförderst ihrer Form nach offenbar ideale Thätigkeit. Sie geht über den Grenzpunkt hinaus, wird demnach durch ihn nicht gehemmt. Der Grund, von welchem
wir sie, und mit ihr die ganze Empfindung abgeleitet
haben,

haben, war der, dafs das Ich in sich setzen müsse, was
in ihm seyn solle. Sie ist demnach lediglich im Ich,
als solchem begründet. Ist sie nur das, und weiter
nichts, so ist sie ein blofses Nicht-Setzen, und kein
Setzen; sie ist lediglich reine Thätigkeit.

Sie soll aber auch ein Setzen seyn, und das ist sie
allerdings darum, weil sie die Thätigkeit des Nicht-Ich,
als solche, gar nicht etwa aufhebt, oder vermindert.
Sie läfst dieselbe, so wie sie ist, sie sezt sie nur ausserhalb des Umkreises des Ich. — Aber hinwiederum,
ein Nicht-Ich liegt nie ausserhalb des Umkreises des
Ich, so gewifs es ein Nicht-Ich ist. Es ist demselben
entgegengesezt, oder es ist gar nicht. Sie sezt demnach überhaupt ein Nicht-Ich, nur sezt sie es willkühr-
lich hinaus. Das Ich ist begrenzt, denn es ist überhaupt ein
Nicht-Ich durch dasselbe gesezt; aber es ist auch nicht
begrenzt, denn es sezt dasselbe durch ideale Thätigkeit
hinaus, so weit es will. (Setzet, C. sey der bestimmte Grenzpunkt. Die hier untersuchte Thätigkeit des
Ich sezt ihn überhaupt als Grenzpunkt, aber sie läfst
ihn nicht an der Stelle, die ihm das Nicht-Ich bestimmte, sondern rükt ihn weiter hinaus ins unbegrenzte.
Sie sezt demnach (dem Ich) eine Grenze überhaupt,
aber sie sezt ihr selbst, inwiefern sie gerade diese Thätigkeit des Ich ist, keine, denn sie sezt jene Grenze in
keiner bestimmten Stelle, keine unter allen möglichen
Stellen ist eine solche, von der die Grenze nicht weiter
hinaus geschoben werden könnte, und müste, da auf
sie eine ideale Thätigkeit geht, welche den Grund der
Begrenzung in sich selbst haben würde: aber im Ich
ist kein Grund, sich selbst zu begrenzen. So lange
diese

diese Thätigkeit wirkt, ist für sie keine Grenze. Hörte sie jemals auf zu wirken, (es wird zu seiner Zeit sich
zeigen, unter welcher Bedingung sie allerdings aufhört)
so wäre immer noch dasselbe Nicht-Ich mit derselben
unverringerten und unbeschränkten Thätigkeit da.) Die
angezeigte Handlung des Ich ist nach allem ein *Begrenzen* durch ideale (freie, und unbeschränkte) Thätigkeit.

Wir wollten dieselbe vorläufig charakterisiren,
um die aufgestellte Unbegreiflichkeit nicht lange unbegreiflich zu lassen. Nach der Regel der synthetischen
Methode hätten wir sie sogleich durch Gegensetzung
bestimmen sollen. Wir thun dies jezt, und machen uns
dadurch vollkommen verständlich.

Dem Setzen und Nicht-Setzen ist für den Behuf der gegenwärtigen Synthesis entgegen zu setzen ein
zugleich *Geseztes* und *Nicht-Geseztes*, und durch diese Gegensetzung sind beide zu bestimmen. Ein solches war
schon nach der obigen Untersuchung die Thätigkeit des
Nicht-Ich. Sie ist gesezt, und nicht-gesezt zugleich,
d. i. insofern das Ich die Grenze hinausschiebt, schiebt
es zugleich die reale Thätigkeit des Ich hinaus; es sezt
dieselbe, aber idealisch, durch seine eigne Thätigkeit:
denn wäre keine solche vorauzusetzende Thätigkeit des
Nicht-Ich, und würde keine gesezt, so würde auch keine Grenze gesezt, aber sie wird gerade dadurch gesezt,
dafs sie hinaus geschoben wird; und das Nicht-Ich
trägt zugleich die Grenze hinaus, wie das Ich sie hinausträgt. In der ganzen Ausdehnung, die wir uns indeſſen einbilden mögen, sezt allenthalben das Ich, und
das Nicht-Ich zugleich die Grenze; nur beide auf eine andere

dere Art; und darin sind sie entgegengesezt, und um ihre Gegensetzung zu bestimmen, müssen wir die Grenze ihr selbst entgegensetzen.

Sie ist eine *ideale*, oder eine *reale*. Inwiefern sie das erstere ist, ist sie gesezt durch das Ich, inwiefern sie das leztere ist, durch das Nicht-Ich.

Aber auch inwiefern sie ihr selbst entgegengesezt ist, bleibt sie dennoch Eine, und eben dieselbe, und jene entgegengesezten Bestimmungen sind ihr in synthetisch vereinigt. Sie ist reale, blofs inwiefern sie durch das Ich gesezt ist, und demnach auch ideale ist; sie ist ideale, sie kann durch die Thätigkeit des Ich hinausgeschoben werden, lediglich, insofern sie durch das Nicht-Ich gesezt, und demnach reale ist.

Hierdurch wird nun die über den festen Grenzpunkt C. hinausgehende Thätigkeit des Ich selbst real, und ideal zugleich. Sie ist real, inwiefern sie auf ein durch etwas reales geseztes geht; sie ist ideal, inwiefern sie aus eignem Antriebe darauf geht.

Und dadurch wird denn das Empfundne beziehbar auf das Ich. Ausgeschlossen wird, und bleibt die Thätigkeit des Nicht-Ich; denn eben diese wird mit der Grenze in das Unendliche, so viel wir bis jezt sehen, hinausgeschoben; aber beziehbar auf das Ich wird ein Produkt derselben, die Begrenzung im Ich, als Bedingung seiner jezt aufgezeigten idealen Thätigkeit.

Dasjenige, worauf, als auf das Ich, in dieser Beziehung das Produkt des Nicht-Ich bezogen werden sollte, ist die darauf gehende ideale Handlung; dasjenige

nige, welches beziehen sollte, ist dieselbe ideale Handlung; und es ist demnach zwischen dem Beziehenden
(welches der synthetischen Methode nach hier ohnedem
nicht gesezt werden sollte) und dem, worauf bezogen
wird (welches nach derselben allerdings gesezt werden
sollte) kein Unterschied. Es findet daher gar keine
Beziehung auf das Ich statt; und die deducirte Handlung ist eine *Anschauung*, in welcher das Ich in dem Objekte seiner Thätigkeit sich selbst verliert. Das *Angeschaute* ist ein idealisch aufgefasstes Produkt des Nicht-
Ich, das durch die Anschauung ins unbedingte ausgedehnt wird; und hier erhalten wir demnach zuerst ein
Substrat für das Nicht-Ich. Das *Anschauende* ist, wie
gesagt, das Ich, welches aber nicht auf sich reflektirt.

VI.

Ehe wir an das wichtigste Geschäft unsrer gegenwärtigen Untersuchung gehen, einige Worte zur Vor-
bereitung darauf, und zur Uebersicht des Ganzen.

Bei weitem ist noch nicht geschehen, was geschehen
hen sollte. Das Empfindende ist gesezt durch Anschauung; das Empfundne ist dadurch gesezt. Aber wenn,
wie gefordert worden, die *Empfindung* gesezt werden
soll, so muss beides nicht abgesondert, sondern in synthetischer Vereinigung gesezt werden. Diese könnte
sich nur ergeben aus noch nicht vereinigten Endpunk-
ten. Dergleichen finden sich denn auch wirklich in
der vorhergehenden Untersuchung vor, ob wir gleich
nicht ausdrüklich darauf aufmerksam gemacht haben.

Wir bedurften zuförderst, um das Ich als begrenzt
zu setzen, und die Grenze ihm zuzueignen, eine des
Be-

begrenzten entgegengesezte ideale, unbegrenzte, und
soviel wir einsehen konnten, unbegrenzbare Thätigkeit. Soll die geforderte Beziehung möglich seyn, so
muſs diese Thätigkeit, als eine solche, durch deren
Gegensaz eine andere, (die begrenzte) bestimmt werden soll, im Ich schon vorhanden seyn. Es ist also
noch die Frage zu beantworten: Wie, und durch welche Veranlassung kommt das Ich zu einem Handeln
dieser Art? — Wir nahmen dann um das Empfundne,
was ausserhalb der bestimmten Grenze liegen sollte,
durch das Ich zu umfassen, und in dasselbe setzen zu
können, eine Thätigkeit an, welche die Grenze hin-
ausschöbe — in das Unbegrenzte, so viel wir einsehen
konnten. Daſs eine solche Handlung vorkomme, ist
dadurch erwiesen, daſs ausserdem die geforderte Beziehung nicht möglich seyn würde; aber es bleibt immer die Frage zu beantworten; warum soll denn auch
überhaupt jene Beziehung, und mithin jene Handlung,
als die Bedingung derselben, vorkommen? Gesezt, es
würde in der Folge sich ergeben, daſs jene beiden Thätigkeiten eine und eben dieselbe wären, so würde daraus folgen: um sich selbst begrenzen zu können, muſs
das Ich die Grenze hinausschieben, und um die Grenze
hinausschieben zu können, muſs es sich selbst begrenzen, und dadurch würden denn Empfindung und Anschauung, und in der Empfindung innere Anschauung
(die des Empfindenden) und äussere, (die des Empfundnen) innigst vereinigt, und keins wäre ohne das andere möglich.

Ohne uns hier an die strenge Form zu binden ; die
bisher befolgt, und bestimmt genug vorgezeichnet ist,

C

so, dafs jeder mit leichter Mühe unser Raisonnement nach derselben prüfen kann, gehen wir zur Beförderung der Deutlichkeit in dieser wichtigen und entscheidenden, aber verwickelten Untersuchung einen natürlichern Weg; suchen die aufgeworfnen und sich aufdringenden Fragen zu beantworten, und erwarten vom Resultate, was alsdann weiter vorzunehmen seyn möchte.

A.) Woher die der realen und begrenzten entgegenzusetzende ideale, und unbegrenzte Thätigkeit? oder wenn wir auch dies hier noch nicht erfahren sollten, lassen sich nicht noch einige Beiträge zur Charakteristik derselben liefern?

Die begrenzte Thätigkeit als solche, sollte durch den Gegensaz mit ihr bestimmt, demnach auf dieselbe bezogen werden. Aber was nicht gesezt ist, dem läfst nichts sich entgegensetzen. Mithin wird für die Möglichkeit der verlangten Beziehung nicht nur die begrenzte, sondern, um was es hier eigentlich zu thun ist, auch die unbegrenzte ideale Thätigkeit *vorausgesezt*, sie ist Bedingung der Beziehung, diese aber — wenigstens nicht vom gegenwärtigen Gesichtspunkte aus betrachtet — nicht umgekehrt Bedingung von jener. Soll die Beziehung möglich seyn, so ist die ideale Thätigkeit schon im Ich vorhanden.

Ununtersucht, woher sie entstehe, und was ihre bestimmte Veranlassung sey; ist so viel klar, dafs für sie gar kein Grenzpunkt C. ist, dafs sie auf denselben, und nach demselben ihre Richtung gar nicht nimmt, sondern völlig frei, und unabhängig in das Unbegrenzte hinausgeht.

Sie

Sie soll durch den Gegensaz mit der begrenzten, als unbegrenzt ausdrüklich gesezt werden; das heifst nothwendig, da nichts begrenzt ist, was nicht eine bestimmte Grenze hat, mithin die begrenzte nothwendig als in dem bestimmten C. begrenzt gesezt werden mufs, sie soll gesezt werden, als *nicht in C.* begrenzt. (Ob sie etwa über C. hinaus in einem andern möglichen Punkte begrenzt werden möge, bleibt durch diese Gegensetzung völlig unbestimmt, und soll eben unbestimmt bleiben.)

Mithin wird in der Beziehung der bestimmte Grenzpunkt C. auf sie bezogen, er mufs demnach, da sie vor der Beziehung vorher gegeben seyn soll, wirklich in ihr liegen; sie berührt nothwendig diesen Punkt, wenn er auf sie beziehbar seyn soll, doch ohne auf ihn ursprünglich gerichtet zu seyn, gleichsam von Ohngefähr, wie es hier scheinen möchte.

Im Beziehen wird der Punkt C. in ihr gesezt, da wo er hinfällt, ohne die geringste Freiheit. Der Einfallspunkt ist bestimmt; nur das ausdrükliche Setzen desselben, *als* des Einfallspunktes ist Thätigkeit des Beziehens. Im Beziehen wird ferner jene ideale Thätigkeit gesezt, *als über diesen Punkt hinausgehend.* Dies ist abermals nicht möglich, ohne dafs derselbe allenthalben in ihr, inwiefern sie über ihn hinausgehen soll, gesezt werde, als ein solcher, über welchen sie hinaus ist. Er wird demnach ihrer ganzen Ausdehnung nach in sie übertragen; es wird allenthalben, wo auf sie reflektirt wird, ein Grenzpunkt, nur zum Versuche, und idealisch, gesezt, um dessen Entfernung von dem ersten festen und unbeweglichen Punkte zu mes-

sen. Da diese Thätigkeit aber hinaus*geben*, immer fort
gehen; und nirgends begrenzt seyn soll, so läfst dieser zweite idealische Punkt nirgends sich festsetzen,
sondern er ist fortschwebend, und zwar so, dafs in
der ganzen Ausdehnung kein Punkt (idealisch,) sich setzen lasse, den er nicht berührt habe. So gewifs demnach jene ideale Thätigkeit, über den Grenzpunkt hinausgehen soll, so gewifs wird derselbe hinausgetragen,
in das unendliche (bis wir wieder an eine neue Grenze
kommen dürften.)

Durch welche Thätigkeit wird derselbe nun hinausgetragen? durch die vorausgesetzte ideale, oder durch
die des Beziehens? Vor der Beziehung vorher durch die
ideale offenbar nicht, denn insofern ist für diese gar kein
Grenzpunkt vorhanden. Das Beziehen selbst aber sezt
jenes Hinaustragen, als Unterscheidungs- und Bezie-
hungs- Grund schon voraus. Mithin wird eben in der
Beziehung, und durch sie der Grenzpunkt, und das
Hinaustragen desselben synthetisch in sie gesezt; und
zwar gleichfalls durch ideale Thätigkeit, denn alles
Beziehen ist lediglich im Ich begründet, wie wir wissen: nur durch eine andere ideale Thätigkeit.

Wir finden hier folgende Handlungen des Ich, die
wir um der Folge Willen aufzählen. 1.) eine solche,
welche die ideale Thätigkeit zum Objekt hat, 2.) eine solche, welche die reale und begrenzte zum Objekt
hat. Beide müssen zugleich im Ich vorhanden, mithin nur Eine und eben dieselbe seyn; ob wir gleich
noch nicht einsehen, wie dies möglich seyn könne.
3) Eine solche, welche aus der realen den Grenzpunkt
in die ideale überträgt, und ihm in derselben folgt.

                                        Durch

Durch sie wird in der idealen Thätigkeit selbst etwas
unterscheidbar, inwiefern nemlich dieselbe geht bis C.
und völlig rein ist; und inwiefern sie geht über C. hinaus, und also die Grenze hinaustragen soll. Diese Bemerkung wird in der Folge wichtig werden. —. Wir
unterlassen hier diese besondern Handlungen weiter zu
charakterisiren, da eine vollständige Charaktoristik derselben erst in der Folge möglich wird.

Es wird — um Verwechselungen mit dem folgenden zu verhüten, bezeichnen wir die bestimmten Thätigkeiten mit Buchstaben — es wird entgegengesezt
und bezogen die ideale Thätigkeit gehend von A über
C. in das Unbegrenzte, und die reale gehend von A bis
zum Grenzpunkte C.

B) Das Ich kann sich, wie wir so eben näher gesehen, nicht als begrenzt setzen, ohne zugleich über
die Grenze hinauszugehen, und dieselbe von sich zu
entfernen. Dennoch soll dasselbe, zugleich indem es
über die Grenze geht, sich auch durch dieselbe Grenze
begrenzt setzen, welches aufgestelltermaafsen sich widerspricht. Nun ist zwar gesagt worden, es sey begrenzt, und unbegrenzt in ganz entgegengesezter Rüksicht, und nach ganz entgegengesezten Arten der Thätigkeit; das erstere, inwiefern dieselbe real, das leztere, inwiefern sie ideal ist. Nun haben wir zwar diese
beiden Arten der Thätigkeit einander entgegengesezt;
aber durch kein anderes Merkmal, als das der Begrenztheit, oder Unbegrenztheit: und unsre Erklärung dreht
sich demnach in einem Zirkel. Das Ich sezt die reale
Thätigkeit, als die begrenzte, und die ideale, als die
unbegrenzte; Wohl, und welche sezt sie denn als die

C 3   reale?

reale? Die begrenzte; und die unbegrenzte, als die
ideale. Können wir nicht aus diesem Zirkel herauskom-
men, und einen von der Begrenztheit völlig unabhängigen Unterscheidungsgrund für die reale und ideale
Thätigkeit aufzeigen, so ist die geforderte Unterscheidung und Beziehung unmöglich. Wir werden einen
solchen Unterscheidungsgrund finden, und unsre gegenwärtige Untersuchung geht darauf aus.

- Wir wollen vorläufig den Satz aufstellen, dessen
Wahrheit sich bald bewähren wird: Das Ich kann sich
für sich überhaupt nicht setzen, ohne sich zu begrenzen,
und dem zu Folge aus sich herauszugehen.

Das Ich ist ursprünglich durch sich selbst gesezt,
d. h. es ist, was es ist für irgend eine Intelligenz ausser ihm; sein Wesen ist in ihm selbst begründet; so
müste es gedacht werden, *wenn* es gedacht würde. Wir
können ihm ferner, aus Gründen, die in der Grundlage des praktischen Wissens aufgestellt sind, ein Streben die Unendlichkeit *auszufüllen* sowohl, als eine Tendenz dieselbe zu *umfassen*, d. i. über sich selbst, als ein
unendliches zu reflektiren, zuschreiben. Beides kommt
ihm zu, so gewifs es ein Ich ist. (S. 263. f. d. Grundl.)
Aber aus dieser blossen Tendenz entsteht kein Handeln
des Ich, und es kann daraus keins entstehen.

Setzet, es gehe so strebend fort bis C. und in C.
werde sein Streben die Unendlichkeit zu erfüllen, gehemmt, und abgebrochen; es versteht sich, für eine
mögliche Intelligenz ausser ihm, welche dasselbe beob-
achtet, und dieses sein Streben in ihrem eignen Bewufstseyn gesezt hat. Was wird dadurch in ihm entstehen?
Das-

Dasselbe strebte zugleich über sich selbst zu reflektiren, vermochte es aber nicht, weil jedes Reflektirte begrenzt seyn mufs, das Ich aber unbegrenzt war.

In C. wird es begrenzt; demnach tritt in C. mit der Begrenzung zugleich die Reflexion des Ich auf sich selbst ein; es kehrt in sich zurük, es findet sich selbst, es fühlt *sich*, offenbar aber noch nichts ausser sich.

Diese Reflexion des Ich auf sich selbst ist, wie wir von dem Punkte aus, auf welchem wir stehen, allerdings sehen, und wie die mögliche Intelligenz ausser dem Ich gleichfalls sehen würde, eine Handlung des Ich, begründet in der nothwendigen Tendenz, und in der hinzugekommenen Bedingung. Was aber ist sie für das Ich selbst? In dieser Reflexion findet es sich zuerst: *für sich* entsteht es erst. Es kann den Grund von irgend etwas nicht in sich annehmen, ehe es selbst war. Für das Ich ist demnach jenes Selbstgefühl ein blosses Leiden; für sich *reflektirt* es nicht, sondern *wird* reflektirt durch etwas ausser sich. *Wir* sehen es handeln, aber mit Nothwendigkeit, theils, in Absicht des Handelns überhaupt nach den Gesetzen seines Wesens, theils in Absicht des bestimmten Punktes, vermöge einer Bedingung ausser ihm. Das *Ich selbst* sieht sich gar nicht handeln, sondern es ist lediglich leidend.

Das Ich *ist* jezt, für sich selbst; und es ist, weil, und inwiefern es begrenzt ist. Es mufs, so gewifs es ein Ich, und begrenzt seyn soll, sich als begrenzt setzen, d. i. es mufs ein begrenzendes sich entgegensetzen. Dies geschieht nothwendig durch eine Thätigkeit, welche über die Grenze C. hinüber geht, und das über ihr liegen sollende als ein dem strebenden Ich entgegenge-

sezte

seztes auffaſst. Was ist dies für eine Thätigkeit, — zuförderst für den Beobachter, und dann, was für eine ist es für das Ich?

Sie ist lediglich im Ich begründet, der Form und dem Inhalte nach. Das Ich *sezt* ein begrenzendes, weil es begrenzt *ist*, und weil es alles, was in ihm seyn soll, setzen muſs. Es sezt dasselbe *als* ein begrenzendes, mithin als ein entgegengeseztes, und Nicht-Ich, weil es eine *Begrenztheit* in sich erklären soll. Man glaube daher keinen Augenblik, daſs hier dem Ich ein Weg eröfnet werde, in das Ding an sich (d. i. ohne Beziehung auf ein Ich) einzudringen. Das Ich ist beschränkt; von dieser Voraussetzung gehen wir aus. — Hat diese Beschränkung an sich, d. i. ohne Beziehung auf eine mögliche Intelligenz, einen Grund? wie ist dieser Grund beschaffen? Wie könnte ich doch dies wissen? wie kann ich mit Vernunft antworten, wenn mir aufgelegt wird, von aller Vernunft zu abstrahiren? Für das Ich, d. h. für alle Vernunft *hat sie einen Grund;* denn für dasselbe sezt alle Begrenzung ein begrenzendes voraus; und dieser Grund liegt gleichfalls für das Ich, *nicht* im Ich selbst, denn dann wären in demselben widersprechende Principien, und es wäre überhaupt nicht; sondern in einem entgegengesezten; und ein solches entgegengeseztes wird als solches nach jenen Gesetzen der Vernunft durch das Ich gesezt, und ist sein Produkt.

(Wir argumentiren so: das Ich ist begrenzt (es muſs nothwendig begrenzt werden, wenn es je ein Ich werden soll,) es muſs, nach den Gesetzen seines Wesens, diese Begrenzung und den Grund derselben in ein be-

gren-

grenzendes setzen, und das leztere ist demnach sein
Produkt. — Sollte jemand mit dem transcendenten Dog-
matism sich selbst so innig verwebt haben, dafs er sich
nach allem und durch alles bis jezt gesagte von demselben noch nicht losmachen können, derselbe würde gegen uns ohngefähr folgendermaafsen argumentiren:
Ich gebe diese ganze aufgestellte Folgerungsweise des
Ich, als die Erklärungsart desselben zu; aber dadurch
entsteht im Ich blofs die Vorstellung von dem Dinge,
und diese ist allerdings sein Produkt, nicht aber das
Ding selbst; ich aber frage nicht nach der Erklärungsart, sondern nach der Sache selbst und an sich. Das
Ich soll begrenzt seyn, sagt ihr. *Diese Begrenzung an
sich betrachtet*, und von der Reflexion derselben durch
das Ich, als welche mich hier nicht angeht, völlig abstrahirt, *mufs doch einen Grund haben*, und dieser Grund
ist eben das Ding an sich. — Hierauf antworten wir
nun, dafs er gerade so erklärt, wie das Ich, auf welches wir reflektiren; dafs er selbst jenes Ich so gewifs
ist, so gewifs er nach den Gesetzen der Vernunft in
seiner Folgerung sich richtet; und dafs er blofs auf
diesen Umstand reflektiren möge, um zu sehen, dafs
er noch immer, nur ohne sein Wissen, mit uns in dem
gleichen Zirkel sich befand, in welchem wir uns mit
unserm Wissen befanden. Wenn er sich in seiner Er-
klärungsweise nicht von den Denkgesetzen seines Geistes losmachen kann, so wird er nie aus dem Umkreis
heraus kommen, den wir um ihn gezogen haben.
Macht er sich aber davon los, so werden seine Ein-
würfe uns abermals nicht gefährlich seyn. Woher sein
Beharren auf einem Dinge an sich, auch nachdem er
zugestanden, dafs in uns nur die Vorstellung davon

C 5   sey,

sey, herkomme, werden wir noch in diesem §. vollkommen sehen.)·

. Was ist die aufgezeigte Handlung für das Ich ?
Nicht das, was für den Zuschauer, weil für dasselbe
nicht die Gründe da sind, aus denen der Zuschauer sie
beurtheilt. Für ihn war sie lediglich im Ich, sowohl
der Form, als dem Inhalte nach: weil das Ich, zu Folge seines ihm bekannten, blofs thätigen, und insbe-
sondere durch Reflexion thätigen Wesens reflektiren
mufste. Für sich selbst ist das Ich noch gar nicht als
reflektirend, nicht einmal als thätig gesezt, sondern
es ist lediglich leidend, laut des obigen. Es wird demnach seines Handelns sich gar nicht bewufst, noch
kann es sich desselben bewufst werden, sondern das
Produkt desselben, wenn es ihm erscheinen könnte,
würde ihm erscheinen, als ohne alles sein Zuthun vorhanden.

(Das was hier deducirt worden, im Bewufstseyn
ursprünglich, und gleich bei der Entstehung desselben
zu bemerken, und sich gleichsam auf der That zu er-
greifen, ist darum unmöglich, weil bei der Reflexion
über seine eigne bestimmte Handelsweise das Gemüth
schon auf einer weit höhern Stufe der Reflexion sich
befinden mufs. Aber etwas ähnliches können wir bei
dem, was man Anknüpfung einer neuen Reihe im Bewufstseyn nennen möchte, etwa beim Erwachen aus
einem tiefen Schlafe, oder aus einer Ohnmacht, besonders an einem uns unbekannten Orte, wahrnehmen.
Das, womit dann unser Bewufstseyn anhebt, ist alle-
mal das Ich; wir suchen, und finden zunächst uns
selbst; und nun richten wir unsere Aufmerksamkeit
                                                auf

auf die Dinge um uns her, um durch sie uns zu orientiren, wir fragen uns: wo bin ich? wie bin ich hie-
hergekommen? was ist zulezt mit mir vorgegangen? um
die jetzige Reihe der Vorstellungen an andre abgelaufne
anzuknüpfen.)

C) Für den Beobachter ist jezt das Ich über den
Grenzpunkt C. hinausgegangen, mit der beständig fort-
dauernden Tendenz über sich zu reflektiren. Da es
nicht reflektiren kann, ohne begrenzt zu seyn, sich
selbst aber nicht zu begrenzen vermag, so ist klar, daſs
die geforderte Reflexion nicht möglich seyn werde,
wenn es nicht über C. hinaus, in dem möglichen Punkte D. abermals begrenzt wird. Da aber die Aufzeigung,
und Bestimmung dieser neuen Grenze uns zu weit, und
auf Dinge führen würde, die in den gegenwärtigen §.
nicht gehören, so müssen wir uns hier begnügen unserm vollen Rechte nach zu postuliren: wenn das her-
ausgehende ein Ich seyn soll, so muſs es sein Heraus-
gehen setzen, oder über dasselbe reflektiren; jedoch
ohne uns dadurch der Verbindlichkeit entledigen zu
wollen an seinem Orte die Bedingung der Möglichkeit
einer solchen Reflexion aufzuzeigen.

Das Ich producirte durch sein blosses Hinausgehen
als solches, (für den möglichen Beobachter) ein Nicht-
Ich ohne alles Bewuſstseyn. Es reflektirt jezt auf sein
Produkt, und sezt es in dieser Reflexion als Nicht-Ich;
das leztere schlechthin und ohne alle weitere Bestimmung, und gleichfalls ohne alles Bewuſstseyn, weil
über das Ich noch nicht reflektirt ist. — Wir verweis-
len bei diesen Handlungen des Ich nicht länger, weil
sie hier völlig unbegreiflich sind, und wir zu seiner
Zeit,

Zeit., nur auf dem entgegengesezten Wege, wieder bei denselben ankommen werden. *)

Es muſs über das Produkt dieser seiner zweiten Handlung, ein als solches geseztes Nicht - Ich überhaupt, wieder reflektiren; gleichfalls nicht ohne eine neue Begrenzung, die wir zu seiner Zeit aufzeigen werden. — Das Ich ist im Gefühl leidend gesezt; das ihm entgegengesezte Nicht - Ich muſs demnach thätig gesezt werden.

Ueber das als thätig gesezte Nicht - Ich wird abermals reflektirt, gleichfalls unter der oben angegebnen Bedingung; und erst jezt treten wir auf das Gebiet unsrer gegenwärtigen Untersuchung. Wir stellen uns, wie bisher immer, und wie es in dergleichen Untersuchungen, die über den gewöhnlichen Gesichtskreis hinausgehen, und ungeübten Denkern transcendent scheinen, sehr vortheilhaft ist, auf den Gesichtspunkt eines möglichen Beobachters, weil wir aus dem des untersuchten Ich nichts sehen konnten.

Es ist durch das Ich und im Ich, (doch wie mehrmals erinnert worden, ohne Bewuſstseyn) gesezt ein thätiges Nicht - Ich. Auf dieses geht eine neue Thätigkeit des Ich, oder auch, es wird über dasselbe reflektirt. Nur über das begrenzte kann reflektirt werden; die Thätigkeit des Nicht - Ich wird demnach nothwendig begrenzt, und zwar *als* Thätigkeit, weil und inwiefern sie *in Handlung* gesezt ist — nicht etwa dem Umfange ihres Wirkungskreises nach, so daſs sie z. B. nur bis E. oder F. und nicht weiter vorrükte, wie man voreiliger-

---

*) Wir erhalten hier beiläufig eine Uebersicht der Punkte die wir noch zu untersuchen haben.

eiligerweise vermuthen dürfte. Woher sollten wir doch
hier einen solchen Umfang bekommen, da es noch keinen Raum giebt? Das Nicht-Ich bleibt nicht *thätig*,
sondern es wird ruhen, die Aeusserung seiner Kraft
wird gehemmt, und es bleibt ein blofses Substrat der
Kraft übrig, welches leztere zur Zeit nur gesagt wird,
um uns verständlich zu machen in der Folge aber gründ-
lich deducirt werden soll. — (Wir können von unserm
Gesichtspunkte aus annehmen, dafs die Thätigkeit des
Nicht-Ich lediglich durch die reflektirende Thätigkeit
des Ich, in und durch das Reflektiren gehemmt werde,
und wir werden zu seiner Zeit das Ich selbst auf den
Gesichtspunkt stellen, von welchem aus es das Gleiche
annimmt: da aber das Ich hier dieser Thätigkeit sich
weder unmittelbar noch mittelbar (durch Folgerung) bewufst wird, so kann dasselbe jene Hemmung auch
nicht aus ihr erklären, sondern wird dieselbe von einer
entgegengesezten Kraft eines andern dem ersten entgegengesezten Nicht-Ich ableiten, wie wir zu seiner Zeit
sehen werden).

Inwiefern das Ich reflektirt, reflektirt es nicht über
dieses Reflektiren selbst; es kann nicht zugleich auf
das Objekt handeln, und auf dieses sein Handeln handeln; es wird demnach der aufgezeigten Thätigkeit
sich nicht bewufst, sondern vergifst sich selbst gänzlich, und verliert sich im Objekte derselben; und wir
haben demnach hier wieder die oben geschilderte äussere
(die aber noch nicht *als* äussere gesezt ist) erste ursprüngliche Anschauung, aus welcher aber noch gar kein Bewufstseyn, nicht nur kein Selbstbewufstseyn, denn

das

das ergiebt sich zur Gnüge aus dem obigen, sondern
selbst kein Bewufstseyn des Objekts entsteht.

Von dem gegenwärtigen Gesichtspunkte aus wird
vollkommen klar, was oben bei Ableitung der Empfindung über den Widerstreit entgegengesetzter Thätigkeiten des Ich und des Nicht-Ich gesagt wurde,
die sich gegenseitig vernichten sollten. Es könnte
keine Thätigkeit des Ich vernichtet werden, wenn dasselbe nicht erst aus dem, was wir uns als ihren ersten
und ursprünglichen Umfangi einbilden können (das,
was in unsrer Darstellung von A. bis C. liegt) in den
Wirkungskreis des Nicht-Ich (von C. an in die Unendlichkeit hinaus) herausgegangen wäre. Es wäre
ferner kein Nicht-Ich, und keine Thätigkeit desselben, wenn nicht das Ich dieselben gesezt hätte; beide
sind ·sein Produkt. — Die Thätigkeit des Nicht-Ich
wird vernichtet, inwiefern *darauf* reflektirt wird, dafs
sie vorher gesezt war, und jezt durch die Reflexion
und zum Behuf ihrer Möglichkeit aufgehoben wird;
die des Ich, wenn man *darauf* reflektirt, dafs dasselbe über
sein Reflektiren, in welchem es doch allerdings thätig
ist, nicht wieder reflektirt; sondern in demselben sich
verliert, und sich selbst gleichsam zum Nicht-Ich um-
wandelt, welches leztere in der Folge sich noch mehr
bestätigen wird. — Kurz, wir stehen hier gerade auf
dem Punkte, von welchem wir im vorigen §. und bei
der ganzen besondern theoretischen Wissenschaftslehre ausgingen; bei dem Widerstreite, der im Ich für
den möglichen Beobachter seyn soll, über welchem
aber noch nicht reflektirt worden, und der daher noch
nicht für das Ich im Ich ist, daher sich auch von dem

bis-

bisherigen noch nicht das mindeste Bewufstseyn ableiten läfst, ohngeachtet wir nun alle möglichen Bedingungen desselben haben.

VII.

Das Ich ist jezt für sich selbst in Beziehung auf die
Möglichkeit einer Reflexion über sich selbst, was es
bei'm Anfange unsrer Untersuchung für einen möglichen Beobachter ausser demselben war. Der letztere
fand vor ein Ich, als Etwas, als wahrnehmbares, und
als Ich zu denkendes Wesen, ein Nicht-Ich, gleichfalls als Etwas, und einen Berührungspunkt zwischen
beiden. Dadurch allein aber entstand in ihm noch keine Vorstellung von der Begrenztheit des Ich, wenn
er nicht auf beide reflektirte. Er sollte reflektiren,
denn nur insofern war er ein Beobachter, und er hat
seitdem allen Handlungen, die aus dem Wesen des Ich
nothwendig erfolgen mufsten zugesehen.

Durch diese Handlungen ist das Ich selbst nunmehro auf den Punkt gekommen, auf welchem zu Anfange der Beobachter sich befand. Es ist in demselben, innerhalb seines *für den Beobachter* gesezten Wir-
kungskreises, und als Produkt des Ich selbst vorhanden ein Ich, als etwas Wahrnehmbares, (weil es begrenzt ist) ein Nicht-Ich, und ein Berührungspunkt
zwischen beiden. Das Nicht-Ich darf nur reflektiren,
um gerade das zu finden, was vorher nur der Zuschauer finden konnte.

Das Ich hat schon ursprünglich beim Anfange alles seines Handelns über sich reflektirt, und aus Nothwendigkeit reflektirt, wie wir oben gesehen haben. —

E

Es war in ihm die Tendenz überhaupt zu reflektiren; durch die Begrenzung kam die Bedingung der Möglich-keit des Reflektirens hinzu, es reflektirte nothwendig. Daher entstand ein Gefühl, und aus diesem alles übri-ge, was wir abgeleitet haben. Die Tendenz zur Refle-xion geht fort in das Unendliche, sie ist daher noch immer im Ich vorhanden: und das Ich kann demnach über sein erstes Reflektiren selbst, und über alles, was dar-aus erfolgt ist, reflektiren, da die Bedingung der Re-flexion, eine Einschränkung durch etwas, das sich als Nicht-Ich betrachten läfst, vorhanden ist.

Es *mufs* nicht reflektiren, wie wir dies bei der er-stern Reflexion annahmen, denn dasjenige, wodurch es für die jezt mögliche Reflexion bedingt ist, ist nicht unbedingt ein Nicht-Ich, sondern es läfst sich auch, ansehen, als enthalten im Ich. — Das, wodurch es be-grenzt ist, ist das durch dasselbe producirte Nicht-Ich. Man dürfte dagegen sagen: da es durch sein eignes Produkt begrenzt seyn soll, so soll es sich selbst be-grenzen, und dies ist zu wiederholten Malen für den härtesten Widerspruch erklärt worden, und auf die Nothwendigkeit, diesem Widerspruche auszuweichen, gründet sich das ganze bisherige Raisonnement. Aber theils ist dasselbe nicht ganz und absolut sein eignes Produkt, sondern es wurde nur unter Bedingung einer Begrenzung durch ein Nicht-Ich gesezt, theils hält es dasselbe gerade aus diesem Grunde, nicht für sein eig-nes Produkt, inwiefern es sich dadurch begrenzt sezt; und so wie es dasselbe für sein eignes Produkt aner-kennt, sezt es sich dadurch nicht begrenzt.

Wenn aber das, was wir in das Ich gesezt haben, nur wirklich im *Ich* vorhanden seyn soll, *so mufs das-selbe*

selbe reßektiren. Wir postuliren demnach diese Reflexion, und haben das Recht sie zu postuliren. — Es dürften vielleicht, wenn man uns einen Augenblik, blofs um uns verständlich zu machen, einen transcendenten Gedanken erlauben will, mannigfaltige Eindrücke auf uns geschehen: wenn wir nicht darauf reflektiren, so wissen wir es nicht, und es sind daher, im transscendentalen Sinne, gar keine Eindrücke auf uns, als Ich, geschehen.

Die geforderte Reflexion geschieht aus den angeführten Gründen mit absoluter Spontaneität: das Ich refloktirt, schlechthin, weil es reflektirt. Nicht nur die Tendenz zur Reflexion, sondern die Handlung der Reflexion selbst ist im Ich begründet; sie ist zwar *bedingt* durch etwas ausser dem Ich, durch den geschehnen Eindruk; aber sie ist dadurch nicht *necessitirt*.

Wir können bei dieser Reflexion sehen auf zweierlei; auf das dadurch *reflektirte* Ich, und auf das darin *reflektirende* Ich. Unsre Untersuchung theilt sich demnach in zwei Theile, welche wohl, wie nach der synthetischen Methode zu erwarten ist, einen dritten herbeiführen dürften.

A.) Dem Ich hat bis jezt noch nichts zugeschrieben werden können, als das Gefühl; es ist ein fühlendes und nichts weiter. Das reflektirte Ich ist begrenzt, heifst demnach, es fühlt sich begrenzt, oder es ist in ihm ein Gefühl der Begrenztheit, des Nichtkönnens, oder des Zwanges vorhanden. Wie dies möglich soy, wird sogleich klar werden.

Inwiefern das Ich sich begrenzt sezt, geht es hinaus über die Grenze, ist Kanon: also es sezt zugleich

noth-

nothwendig das Nicht-Ich, aber ohne Bewustseyn seines Handelns. Es ist mit jenem Gefühl des Zwanges
vereinigt eine Anschauung des Nicht-Ich, aber eine
blofse Anschauung, in welcher das Ich sich selbst in dem
Angeschauten vergifst.

Beides, das angeschaute Nicht-Ich, und das ge-
fühlte und sich fühlende Ich müssen synthetisch vereinigt werden, und das geschieht vermittelst der Grenze. Das Ich fühlt sich begrenzt, und sezt das angeschaute Nicht-Ich, als dasjenige, wodurch es begrenzt
ist. — Gemeinfafslich ausgedrükt: Ich sehe etwas,
und zugleich ist in mir ein Gefühl eines Zwanges vorhanden, den Ich unmittelbar nicht erklären kann. Er
soll aber erklärt werden. Ich beziehe also beides auf
einander, und sage: das, was ich sehe, ist der Grund
des gefühlten Zwanges.

Was hierbei noch einige Schwierigkeit machen
könnte, wäre folgende Frage: Wie kommt es, dafs
ich überhaupt mich gezwungen fühle: *ich erkläre mir
das Gefühl freilich aus dem angeschauten Nicht-Ich;
aber ich kann nicht anschauen, wenn ich nicht schon
fühle. Demnach ist jenes Gefühl unabhängig von der
Anschauung zu erklären.* Wie geschieht dies? Nun ist
es gerade diese Schwierigkeit die uns nöthigen wird
die jetzige Synthesis als in sich unvollständig, und unmöglich, an eine andere anzuknüpfen, die Sache um-
zukehren, und zu sagen: ich kann eben so wenig einen
Zwang fühlen, ohne anzuschauen; und demnach ist
beides synthetisch vereinigt. Eins begründet nicht das
andere, sondern beide begründen sich gegenseitig.
Jedoch aber, um diese Erörterung im voraus zu erleich-
tern,

tern, wollen wir uns sogleich hier, und wie die Sachen
stehen, auf die obige Frage einlassen.

Das Ich geht ursprünglich darauf aus die Beschaffenheit der Dinge durch sich selbst zu bestimmen; es
fordert schlechthin Kausalität. Dieser Forderung, inwiefern sie auf Realität ausgeht, und demnach reale
Thätigkeit genannt werden kann, wird widerstanden,
und dadurch wird eine andere, ursprünglich im Ich begründete Tendenz über sich selbst zu reflektiren, be-
friedigt, und es entsteht zunächst eine Reflexion auf
eine als bestimmt gegebne Realität, die, inwiefern sie
schon bestimmt ist, nur durch die ideale Thätigkeit
des Ich, die des Vorstellens, Nachbildens, aufgefasst
werden kann. Wird nun beides, sowohl das auf die
Beschaffenheit des Dinges *ausgehende*, als das die ohne
Zuthun des Ich bestimmte Beschaffenheit *nachbildende*,
gesezt als Ich, als ein und eben dasselbe Ich, (und dies
geschieht durch absolute Spontaneität) so wird das reale Ich durch die angeschaute, seiner Thätigkeit, wenn
sie fortgegangen wäre, entgegengesezte Beschaffenheit
des Dinges begrenzt gesezt, und das so synthetisch
vereinigte ganze Ich fühlt sich selbst als begrenzt, oder
gezwungen. — Das Gefühl ist die ursprünglichste
Wechselwirkung des Ich mit sich selbst, ehe noch ein
Nicht-Ich — es versteht sich *im* Ich, und *für* das Ich —
vorkommt; denn zur Erklärung des Gefühls muss es
allerdings gesezt werden. Das Ich strebt in die Unendlichkeit hinaus; das Ich reflektirt auf sich, und begrenzt sich dadurch: dies ist oben abgeleitet, und daraus möchte ein möglicher Zuschauer ein Gefühl des
Ich folgern, aber es entsteht noch kein Selbstgefühl.
Beides, das begrenzte, und das begrenzende Ich wer-

den durch absolute Spontaneität synthetisch vereinigt, gesezt, als dasselbe Ich: dies ist hier abgeleitet, und dadurch entsteht für das Ich ein Gefühl, ein Selbstgefühl, innige Vereinigung des Thuns, und Leidens in einem Zustande.)

B) Es soll ferner reflektirt werden auf das in jener Handlung reflektirende Ich. Auch diese Reflexion geschieht nothwendig mit absoluter Spontaneität, wird aber, wie sich erst im folgenden zeigen wird, nicht lediglich postulirt, sondern durch synthetische Nothwendigkeit, als Bedingung der Möglichkeit der vorher postulirten Reflexion herbeigeführt. Uns ist es hier weniger um sie selbst, als um ihr Objekt, inwiefern es das ist, zu thun.

Das in jener Handlung reflektirende Ich, handelte mit absoluter Spontaneität, und sein Handeln war lediglich im Ich begründet: es war ideale Thätigkeit. Es muſs demnach auf sie reflektirt werden, als eine solche, und sie muſs gesezt werden, als hinausgehend über die Grenze — ins unendliche, wenn nicht in Zukunft durch eine andere Reflexion sie begrenzt wird. Es kann aber zu Folge der Reflexions-Gesetze auf nichts reflektirt werden, ohne daſs dasselbe, sey es auch bloſs und lediglich durch die Reflexion, begrenzt werde: also jene Handlung des Reflektirens ist, so gewiſs über sie reflektirt wird, begrenzt. Es läſst sich sogleich einsehen, was bei jener Unbegrenztheit, welche bleiben muſs, diese Begrenztheit seyn werde. — Die Thätigkeit kann nicht reflektirt werden, als Thätigkeit, (seines Handelns unmittelbar wird das Ich sich nie bewuſst, wie auch ohne dies bekannt ist) sondern als

Substrat,

Substrat, mithin als Produkt einer absoluten Thätigkeit des Ich.

Es ist sogleich einleuchtend, dafs das dieses Produkt setzende Ich im Setzen desselben sich selbst vergifst, dafs mithin dieses Produkt, ohne Bewufstseyn
des Anschauens angeschaut wird.

Inwiefern also das Ich über die absolute Spontá-
neität seines Reflektirens in der ersten Handlung wieder reflektirt, wird ein unbegrenztes Produkt der Thätigkeit des Ich, als solches gesezt. — Wir werden
dieses Produkt in der Folge näher kennen lernen.

Dies Produkt soll als Produkt des Ich gesezt werden; es mufs demnach nothwendig auf das Ich bezogen werden. Auf das anschauende Ich kann dasselbe
nicht bezogen werden, denn dieses ist, laut des obigen, noch gar nicht gesezt. Das Ich ist noch nicht
gesezt, als inwiefern es sich begrenzt fühlt, auf dieses müste es demnach bezogen werden.

Aber das Ich, das sich als begrenzt fühlt, ist demjenigen, welches durch Freiheit etwas, und etwas unbegrenztes producirt, entgegengesezt; das fühlende
ist nicht frei, sondern gezwungen; und das produci-
rende ist nicht gezwungen, sondern es producirt mit
Freiheit.

So mufs es denn auch allerdings seyn, wenn Beziehung, und synthetische Vereinigung möglich, und
nöthig seyn soll; wir haben demnach für die geforderte Beziehung nur den Beziehungsgrund aufzuweisen.

Dieser müste seyn Thätigkeit mit Freiheit, oder
absolute Thätigkeit. Eine solche kommt nun dem be-

D 3

grenz-

grenzten Ich nicht zu; es zeigt sich demnach nicht, wie eine Vereinigung zwischen beiden möglich sey.

Wir dürfen nur noch einen Schritt thun, um das überraschendste, die uralten Verwirrungen endeirde, und die Vernunft auf ewig in ihre Rechte einsetzende Resultat zu finden. — Das Ich selbst soll doch das beziehende seyn. Es geht also nothwendig, schlechthin durch sich selbst, ohne irgend einen Grund, und wider den äussern Grund aus der Begrenzung heraus, eignet eben dadurch das Produkt sich zu, und macht es zu dem seinigen durch Freiheit. — Beziehungsgrund, und beziehendes sind dasselbe.

Dieser Handlung wird das Ich sich nie bewufst, und kann sich derselben nie bewufst werden; ihr Wesen besteht in der absoluten Spontaneität, und sobald über diese reflektirt wird, hört sie auf Spontaneität zu seyn. Das Ich ist nur frei, indem es handelt; so wie es auf diese Handlung reflektirt, hört dieselbe auf frei und überhaupt Handlung zu seyn, und wird Produkt.

Aus der Unmöglichkeit des Bewufstseyns einer freien Handlung entsteht der ganze Unterschied zwischen Idealität, und Realität, zwischen Vorstellung, und Ding, wie wir bald näher sehen werden.

Die Freiheit, oder was das gleiche heifst, das unmittelbare Handeln des Ich, als solches, ist der Vereinigungspunkt der Idealität, und Realität. Das Ich *ist* frei, indem und dadurch dafs es sich frei sezt, sich befreit: und es sezt sich frei, oder befreit sich, indem es frei ist. Bestimmung und Seyn, sind Eins; Handelndes, und Behandeltes sind Eins; eben indem das

Ich

Ich sich zum Handeln bestimmt, handelt es in diesem Bestimmen; und indem es handelt, bestimmt es sich.

Das Ich kann sich nicht durch Reflexion als frei setzen, dies ist ein Widerspruch, und auf diesem Wege könnten wir nie zu der Annahme kommen, dass wir frei seyn; aber es eignet sich etwas zu, als Produkt seiner eignen freien Thätigkeit, und insofern sezt es sich wenigstens mittelbar als frei. *)

C.) Das Ich ist beschränkt, indem es sich fühlt, und es sezt sich insofern als beschränkt, nach der erstern Synthesis. Das Ich ist frei, und es sezt sich wenigstens mittelbar als frei, indem es etwas als Produkt seiner freien Thätigkeit sezt, nach der zweiten Synthesis. Beide Bestimmungen des Ich, die der Beschränktheit im Gefühl, und die der Freiheit im Produciren sind völlig entgegengesezt. Nun könnte vielleicht in ganz verschiednen Rüksichten das Ich sich als frei, oder als bestimmt setzen, so dass dadurch die Identität desselben nicht aufgehoben würde. Aber es ist in beiden Synthesen ausdrüklich gefordert worden,

D 4   dass

*) Die Beweise des gesunden Menschenverstandes für die Freiheit sind demnach ganz richtig, und dem Gange des menschlichen Geistes vollkommen angemessen. — Diogenes *ging*, um vor der Hand sich selbst — denn die verirrte Spekulation war dadurch freilich noch nicht in ihre Grenze zurükgewiesen — die geläugnete Möglichkeit der Bewegung zu beweisen. Eben so — wollt ihr jemand die Freiheit weg vernünfteln, und gelingt es euch wirklich durch eure Scheingründe Zweifel über die in Anspruch genommene Sache zu erregen, so demonstrirt er sie sich auf der Stelle durch Realisirung eines Produkts, das er nur von seinem eignen freien Handeln ableiten kann.

dafs es sich als beschränkt setzen solle, weil und inwiefern es sich als frei sezt, und als frei, weil, und
inwiefern es sich als beschränkt sezt. Es soll demnach
frei und beschränkt in einer und eben derselben Rüksicht seyn; dies widerspricht sich offenbar, und dieser
Widerspruch muſs gehoben werden. — Wir gehen
zuförderst noch tiefer ein in den Sinn der als entgegengesezt aufgestellten Sätze.

1) Das Ich soll sich als beschränkt setzen, weil
und inwiefern es sich als frei sezt. — Das Ich *ist* frei,
lediglich inwiefern es handelt; wir hätten demnach
vorläufig die Frage zu beantworten: was heiſst *handeln*;
welches ist sein Unterscheidungsgrund vom Nichthan-
deln? — Alle Handlung sezt Kraft voraus; es wird
absolut gehandelt, heiſst; die Kraft wird lediglich
durch sich selbst, und in sich selbst bestimmt, d. i. sie
erhält ihre Richtung. Sie hatte demnach vorher keine
Richtung, war nicht in Handlung gesezt, sondern ruhende Kraft, ein blofses Streben nach Kraftanwen-
dung. So gewiſs demnach das Ich sich absolut handelnd setzen soll, vorläufig in der Reflexion, so gewiſs muſs es sich auch als nichthandelnd setzen. Bestimmung zum Handeln sezt Ruhe voraus. — Ferner,
die Kraft giebt sich schlechthin eine Richtung, d. i. sie
giebt sich ein Objekt, auf welches sie gehe. Die Kraft
selbst giebt ihr selbst das Objekt; aber was sie sich geben soll, muſs sie, inwiefern sie es giebt, auch schon
haben; es müste ihr demnach schon gegeben seyn, gegen welches Geben sie sich leidend verhalten hätte.
Also Selbstbestimmung zum Handeln sezt nothwendig
sogar ein Leiden voraus — und wir finden uns hier

aber-

abermals in neue Schwierigkeiten verwickelt; von welchen aus aber gerade das hellste Licht über unsre ganze Untersuchung sich verbreiten wird.

2) Das Ich soll sich als frei setzen, weil, und inwiefern es sich als beschränkt sezt. — Das Ich sezt sich begrenzt, heifst, es sezt seiner Thätigkeit eine Grenze (nicht es producirt diese Begrenzung, sondern es sezt sie nur als gesezt, durch eine entgegengesezte Kraft). Das Ich mufs demnach, um beschränkt worden zu seyn, schon gehandelt, seine Kraft mufs schon eine Richtung, und zwar eine Richtung durch Selbstbestimmung gehabt haben. Alle Begrenzung sezt freies Handeln voraus.

Wir wenden jezt diese Grundsätze an auf den vorliegenden Fall.

Das Ich ist, für sich selbst noch immer gezwungen, genöthigt, begrenzt, insofern dasselbe hinausgeht über die Begrenzung, ein Nicht-Ich sezt, und dasselbe anschaut, ohne seiner selbst in dieser Anschauung sich bewufst zu werden. Nun ist dieses Nicht-Ich, wie wir von dem höhern Gesichtspunkte aus, auf welchen wir uns gestellt haben, wissen, sein Produkt, und dasselbe mufs darauf reflektiren, als auf sein Produkt. Diese Reflexion geschieht nothwendig durch absolute Selbstthätigkeit.

Das Ich, ein und eben dasselbe Ich mit einer und eben derselben Thätigkeit kann nicht zugleich ein Nicht-Ich produciren, und auf dasselbe, als auf sein Produkt reflektiren. Es mufs demnach seine erstere Thätigkeit begrenzen, abbrechen, so gewifs die geforderte zweite ihm zukommen soll, und dieses Unterbrechen seiner erstern

Thä-

Thätigkeit geschieht gleichfals durch absolute Spontaneität; da die ganze Handlung dadurch geschieht. Unter dieser Bedingung allein ist auch absolute Spontaneität möglich. Das Ich soll durch sie sich bestimmen. Dem Ich
aber kommt nichts zu, ausser Thätigkeit. Es müste
demnach eine seiner Handlungen begrenzen, und abermals darum, weil ihm nichts ausser Thätigkeit zukommt, durch eine andere der ersten entgegengesezte
Handlung begrenzen.

Das Ich soll ferner sein Produkt, das entgegengesezte, begrenzende Nicht-Ich setzen, als sein Produkt. Eben durch diejenige Handlung, durch welche
dasselbe, wie so eben gesagt worden, sein Produciren
abbricht, sezt es dasselbe als solches, erhebt es dasselbe zu einer höhern Stufe der Reflexion. Die untere,
erste Region der Reflexion ist dadurch abgebrochen,
und es ist uns jezt blofs um den Uebergang von der einen zur andern, um ihren Vereinigungspunkt zu thun.
Aber das Ich wird, wie bekannt, seines Handelns unmittelbar sich nie bewufst; es kann demnach das geforderte nur mittelbar durch eine neue Reflexion als
sein Produkt setzen.

Es mufs durch dieselbe gesezt werden, als Produkt der absoluten Freiheit, und das Kennzeichen eines solchen ist, dafs es auch anders seyn könne, und
als anders seyend gesezt werden könne. Das anschauende Vermögen schwebt zwischen verschiedenen Bestimmungen, und sezt unter allen möglichen nur eine,
und dadurch erhält das Produkt den eigenthümlichen
Charakter des *Bildes.*

(Um

(Ihn uns verständlich zu machen, stellen wir als Beispiel auf ein Objekt mit verschiednen Merkmalen, ohnerachtet bis jezt von einem solchen noch nicht die Rede seyn kann. — Ich bin in der ersten Anschauung, der producirenden, verloren in ein Objekt. Ich reflektire zuförderst auf mich selbst, finde mich, und unterscheide von mir das Objekt. Aber noch ist in dem Objekte alles verworren, und unter einander gemischt, und es ist weiter auch nichts, denn ein Objekt. Ich reflektire jezt auf die einzelnen Merkmale desselben z. B. auf seine Figur, Gröfse, Farbe, u. s. f. und setze sie in meinem Bewufstseyn. Bei jedem einzelnen Merkmale dieser Art bin ich anfangs zweifelhaft, und schwankend, lege meiner Beobachtung ein willkührliches Schema, von einer Figur, einer Gröfse, einer Farbe, die sich denen des Objekts nähern, zum Grunde, beobachte genauer, und bestimme nun erst mein Schema der Figur etwa zu einem Würfel, das der Gröfse etwa zu dem einer Faust, dafs der Farbe etwa zu dem der dunkelgrünen. Durch dieses Uebergehen von einem unbestimmten Produkte der freien Einbildungskraft zu der völligen Bestimmung in einem und eben demselben Akte wird das, was in meinem Bewufstseyn vorkommt, ein Bild, und wird gesezt, als ein Bild. Es wird *mein* Produkt, weil ich es als durch absolute Selbstthätigkeit bestimmt setzen mufs.)

Inwiefern das Ich dieses Bild sezt, als Produkt seiner Thätigkeit, sezt es demselben nothwendig etwas entgegen, das kein Produkt derselben ist; welches nicht mehr bestimmbar, sondern vollkommen bestimmt ist, und ohne alles Zuthun des Ich, durch sich selbst bestimmt ist. Dies ist das *wirkliche Ding*, nach welchem

das

das bildende Ich in Entwerfung seines Bildes sich richtet, und das ihm daher bei seinem Bilden nothwendig vorschweben muſs. Es ist das Produkt seiner ersten jezt unterbrochnen Handlung, das aber in dieser Beziehung unmöglich als solches gesezt werden kann.

Das Ich bildet nach demselben; es muſs demnach im Ich enthalten, seiner Thätigkeit zugänglich seyn: oder, es muſs zwischen dem Dinge, und dem Bilde vom Dinge, die einander entgegengesezt werden, ein Beziehungsgrund sich aufweisen lassen. Ein solcher Beziehungsgrund nun ist eine völlig bestimmte, aber bewuſstseynlose Anschauung des Dinges. Für sie, und in ihr sind alle Merkmale des Objekts vollkommen bestimmt, und insofern ist sie beziehbar auf das Ding, und das Ich ist in ihr leidend. Dennoch ist sie auch eine Handlung des Ich, und daher beziehbar auf das im Bilden handelnde Ich. Dasselbe hat Zugang zu ihr; es bestimmt nach der in ihr angetroffenen Bestimmung sein Bild: (oder, wenn man lieber will, denn beides ist gleichgeltend, es durchläuft die in ihm vorhandnen Bestimmungen mit Freiheit, zählt sie auf, und prägt sie sich ein.)

(Diese Mittelanschauung ist äusserst wichtig; wir merken daher sogleich, obschon wir wieder zu ihr zurükkommen, einiges an über sie.

Dieselbe ist hier durch eine Synthesis postulirt, als Mittelglied, das nothwendig vorhanden seyn muſs, wenn ein Bild vom Objekte möglich seyn soll. Es bleibt aber immer die Frage: woher kommt sie? — läſst sie sich, da wir hier mitten im Kreise der Handlungen des vernünftigen Geistes sind, welche alle zusammen hangen,

gen, wie die Glieder einer Kette; nicht auch noch anderwärts her ableiten? Und das läfst sie sich allerdings. — Das Ich producirt ursprünglich das Objekt. Es wird in diesem Produciren, zum Behuf einer Reflexion über das Produkt unterbroohen. Was geschieht durch diese Unterbrechung mit der unterbrochnen Handlung. Wird sie gänzlich vernichtet, und ausgetilgt? Das kann nicht seyn; denn dann würde durch die Unterbrechung der ganze Faden des Bewufstseyns abgerissen, und es liesse sich nie ein Bewufstseyn deduciren. Ferner wurde ia ausdrüklich gefordert, dafs über das Produkt derselben reflektirt werden sollte, und das wäre abermals nicht möglich, wenn sie gänzlich aufgehoben wäre, Handlung aber bleibt sie unmöglich, denn dasjenige, worauf ein Handeln geht, ist insofern nicht Handlung. Aber ihr Produkt, das Objekt mufs bleiben, und die unterbrechende Handlung geht demnach auf das Objekt und macht es gerade dadurch zu *Etwas*, zu einem festgesezten, und fixirten, dafs sie darauf geht, und das erste Handeln unterbricht.

Ferner, diese Handlung des Unterbrechens selbst, die wir jezt als gerichtet auf das Objekt kennen, dauert sie als Handlung fort, oder nicht?

Das Ich unterbrach selbstthätig sein Produciren, um auf das Produkt zu reflektiren, also um eine neue Handlung an die Stelle der erstern zu setzen, und insbesondre, da wo wir jezt stehen, dieses Produkt zu setzen, *als das seinige*. Das Ich kann nicht zugleich in verschiednen Beziehungen handeln; also jene auf das Objekt gerichtete Handlung ist, inwiefern gebildet wird, selbst abgebrochen; sie ist blofs als Produkt vorhanden, d. h.

d. h. nach allem, sie ist eine unmittelbare auf das Objekt gerichtete Anschauung, und als solche gesezt —— also es ist gerade diejenige Anschauung, die wir so eben als Mittelglied aufgestellt haben, und die auch von einer andern Seite als solches sich zeigt.

Diese Anschauung ist ohne Bewufstseyn, gerade aus dem gleichen Grunde, aus welchem sie vorhanden ist, weil das Ich nicht doppelt handeln, mithin nicht auf zwei Gegenstände zugleich reflektiren kann. Es wird im gegenwärtigen Zusammenhange betrachtet, als setzend sein Produkt, *als* solches, oder als bildend; es kann sich demnach nicht zugleich setzen, als unmittelbar das Ding anschauend.

Diese Anschauung ist der Grund aller Harmonie, den wir zwischen unsern Vorstellungen, und den Dingen annehmen. Wir entwerfen unsrer eigen Aussage nach durch Spontaneität ein Bild, und es läfst sich gar wohl erklären, und rechtfertigen, wie wir dasselbe als unser Produkt ansehen, und es in uns setzen können. Nun aber soll diesem Bilde etwas ausser uns liegendes, durch das Bild gar nicht hervorgebrachtes, noch bestimmtes, sondern unabhängig von demselben nach seinen eignen Gesetzen existirendes entsprechen; und da läfst sich denn gar nicht einsehen, nicht nur mit welchem Rechte wir so etwas behaupten, sondern sogar nicht, wie wir auch nur auf eine solche Behauptung kommen mögen, wenn wir nicht zugleich eine unmittelbare Anschauung von dem Dinge haben. Überzeugen wir uns nur einmal von der Nothwendigkeit einer solchen unmittelbaren Anschauung, so werden wir auch die Ueberzeugung, dafs demnach das Ding in uns selbst liegen

liegen müsse, da wir auf nichts unmittelbar handeln
können, als auf uns selbst, nicht lange zurükhalten
können)

Im Bilden ist das Ich völlig frei, wie wir so eben
gesehen haben. Das Bild ist auf eine gewisse Art bestimmt, weil das Ich dasselbe so und nicht anders, welches es in dieser Rüksicht allerdings auch könnte, bestimmt; und durch diese Freiheit im Bestimmen wird
das Bild beziehbar auf das Ich, und läfst sich setzen in
dasselbe, und als sein Produkt.

Aber dieses Bild soll nicht leer seyn, sondern es
soll demselben ein Ding ausser dem Ich entsprechen;
es mufs demnach auch dieses Ding bezogen werden.
Wie das Ding dem Ich für die Möglichkeit dieser Beziehung zugänglich werde, nemlich durch eine voraus-
zusetzende unmittelbare Anschauung des Dinges, ist
so eben gesagt worden. Insofern nun das Bild bezogen
wird auf das Ding ist es völlig bestimmt, es mufs gerade so seyn, und darf nicht anders seyn; denn das
Ding ist vollkommen bestimmt, und das Bild soll demselben entsprechen. Die vollkomne Bestimmung ist der
Beziehungsgrund zwischen dem Bilde und dem Dinge,
und das Bild ist jezt von der unmittelbaren Anschauung des Dinges nicht im geringsten verschieden.

Dadurch wird dem vorhergehenden offenbar wi-
dersprochen; denn was nothwendig so seyn mufs, wie
es ist, und gar nicht anders seyn kann, ist kein Produkt des Ich, und läfst sich in dasselbe gar nicht se-
zen, oder darauf beziehen (Unmittelbar seiner Freiheit
im Bilden wird das Ich ohnedies sich nicht bewufst,
wie mehrmals erinnert worden; dafs es aber, inwiefern

es

es das Bild auch mit andern möglichen Bestimmungen
sezt, dasselbe als sein Produkt sezt, ist gezeigt, und
ist durch keine folgende Operation der Vernunft umzu-
stofsen. Wenn es aber gleich darauf eben dieses Bild
auf das Ding bezieht, so sezt es dasselbe dann nicht
mehr als sein Produkt, der vorige Zustand des Ich ist
vorüber, und es giebt zwischen ihm, und dem gegenwärtigen keinen Zusammenhang, als etwa den, den
ein möglicher Zuschauer dadurch dafs er das in beiden
Zuständen handelnde Ich als Ein und Ebendasselbe
denkt, hineinsezt. Iezt ist nur Ding was vorher nur
Bild war. Nun mufs es allerdings dem Ich ein leichtes
seyn, sich wieder auf die vorige Stuffe der Reflexion
zurükzuversetzen, aber dadurch entsteht abermals kein
Zusammenhang, und jezt ist wieder nur Bild, was
vorher nur Ding war. Wenn der vernünftige Geist
nicht hierbei nach einem Gesetze verführe, das wir
eben hier aufzusuchen haben, so würde daraus ein fort-
dauernder Zweifel entstehen, ob es nur Dinge, und
keine Vorstellungen von ihnen, oder ob es nur Vorstellungen, und keine ihnen entsprechende Dinge gäbe,
und jezt würden wir das in uns vorhandne für ein blosses Produkt unsrer Einbildungskraft, jezt für ein ohne
alles unser Zuthun uns afficirende Ding halten. Diese
schwankende Ungewifsheit ensteht denn auch wirklich,
wenn man einen solcher Untersuchungen ungewohnten
nöthigt, uns zu gestehen, dafs die Vorstellung von dem
Dinge doch nur in ihm anzutreffen seyn könne. Er
getheht es jezt zu; und sagt gleich darauf; es ist aber
doch ausser mir, und findet vielleicht gleich darauf
abermals dafs es in ihm sey, bis er wieder nach aussen
getrieben wird. Er kann sich aus dieser Schwierigkeit

nicht

nicht heraushelfen, denn ob er gleich von jeher in allem feinen theoretifchen Verfahren die Gefetze der Vernunft befolgt hat, fo kennt er fie doch nicht wiffenfchaftlich, und kann fich nicht Rechenfchaft über fie ablegen.)

Die Idee des aufzufuchenden Gefetzes wäre folgendes: Es müfte ein Bild gar nicht möglich feyn, ohne ein Ding; und ein Ding müfte wenigftens in der Rückficht, in welcher hier' davon die Rede feyn kann, d. i. für das Ich, nicht möglich feyn, ohne ein Bild. So würden beide, das Bild und das Ding in fynthetifcher Verbindung ftehen, und eins würde nicht gefezt werden können, ohne dafs auch das andre gefezt würde.

Das Ich foll das Bild beziehen auf das Ding. Es ift zu zeigen, dafs diefe Beziehung nicht möglich fey, ohne Vorausfetzung des Bildes, *als eines folchen*, d. i. als eines freien Produkts des Ich. Wird durch die geforderte Beziehung das Ding überhaupt erft möglich, fo wird durch Erhärtung der leztern Behauptung bewiefen, dafs das Ding nicht möglich fey, ohne das Bild. — Umgekehrt, das Ich foll mit Freiheit das Bild entwerfen. Es müfte gezeigt werden, dafs dies nicht möglich fey, ohne Vorausfetzung des Dinges; und es wäre dadurch dargethan, dafs kein Bild möglich fey, ohne ein Ding (es verfteht fich, ein Ding für das Ich.)

Wir reden zuförderft von der Beziehung des, es verfteht fich, vollkommen beftimmten Bildes auf das Ding. Sie gefchieht durch das Ich; aber diefe Handlung deffelben kommt nicht unmittelbar zum Bewuft-

E   feyn;

ſeyn; und es läſst daher ſich nicht wohl einſehen, wie
das Bild vom Dinge unterſchieden werden möge. Das
Ich müſte demnach wenigſtens mittelbar im Bewuſtſeyn
vorkommen, und ſo würde eine Unterſcheidung des
Bildes vom Dinge möglich werden.

Das Ich kommt mittelbar im Bewuſtſeyn vor — heiſst:
das Objekt ſeiner Thätigkeit (Produkt derſelben, nur
ohne Bewuſtſeyn) wird geſezt als Produkt durch Freiheit, als anders ſeyn könnend, als zufällig.

Auf dieſe Art wird das Ding geſezt, inwiefern das
vollkommen beſtimmte Bild darauf bezogen wird. Es
iſt da ein vollkommen beſtimmtes Bild, d. i. eine Eigenſchaft, z. B. die rothe Farbe. Es muſs ferner, wenn
die geforderte Beziehung möglich ſeyn ſoll, da ſeyn ein
Ding. Beide ſollen ſynthetiſch vereinigt werden durch
eine abſolute Handlung des Ich; das leztere ſoll durch
die erſtere beſtimmt werden. Mithin muſs es vor der
Handlung, und unabhängig von ihr dadurch nicht beſtimmt ſeyn; es muſs geſezt ſeyn, als ein ſolches, dem
dieſe Eigenſchaft zukommen kann, oder auch nicht,
und lediglich dadurch, daſs ein Handeln geſezt wird,
wird die Zufälligkeit der Beſchaffenheit des Dinges für
das Ich geſezt. Das ſeiner Beſchaffenheit nach zufällige Ding aber entdekt ſich eben dadurch als ein voraus-
geſeztes Produkt des Ich, dem nichts zukommt, als
das Seyn. Die freie Handlung, und die Nothwendigkeit, daſs eine ſolche freie Handlung vorkomme, iſt
der einzige Grund des Ueberganges vom unbeſtimmten
zum beſtimmten, und umgekehrt.

(Wir

(Wir fuchen diefen wichtigen Punkt noch, etwas
deutlicher zu machen. — In dem Urtheile: A ift roth,
kommt vor zuförderft A. Dies ift gefezt; inwiefern es
A. feyn foll, gilt von ihm der Satz : $A = A$; es ift, als
A, durch fich felbft vollkommen heftimmt; etwa feiner Figur, feiner Gröfse, feiner Stelle im Raume nach
u. f. f. wie man es fich in dem gegenwärtigen Falle
denken kann; ohngeachtet, wie wohl zu merken ift,
dem Dinge von welchem wir oben redeten, da es noch
gänzlich unbeftimmt feyn foll, gar nichts zukommt,
als das, dafs es ein Ding ift, d. h. dafs es *ift.*, —
Dann kommt in Urtheile vor *roth.* Dies ift gleichfalls
vollkommen beftimmt, d h. es ift gefezt, als ausfchlief-
send alle übrigen Farben, als nicht gelb, nicht-blau
u. f. w. [gerade wie oben, und wir haben daher hier
ein Beifpiel, was durch die vollkommne Beftimmung
der Eigenfchaft, oder wie wir es auch genannt haben,
des Bildes gemeint werde.] Wie ift nun in Rükficht der
rothen Farbe A. vor dem Urtheile? Offenbar unbeftimmt.
Es können ihm alle Farben, und darunter auch die
rothe zukommen. Erft durch das Urtheil, d, i. durch
die fynthetifche Handlung des Urtheilenden vermit-
telft der Einbildungskraft, welche Handlung durch
die Copula *ift* ausgedrückt wird, wird das unbe-
ftimmte beftimmt; es werden ihm alle mögliche Farben, die ihm zukommen konnten, die gelbe, blaue,
u. f. w. durch Uebertragung des Prädikats nicht-gelb
nicht-blau, u. f. w. $=$ roth, abgefprochen. — A
ift unbeftimmt, fo gewifs geurtheilt wird. Wäre es
fchon beftimmt, fo würde gar kein Urtheil gefällt, es
würde nicht gehandelt.)

E 2   Ur-

Wir haben als Refultat unfrer Unterfuchung den
Satz: *Wenn die Realität des Dinges, (als Substanz) vor-
ausgefezt wird, wird die Befchaffenheit deffelben gefezt,
als zufällig, mithin mittelbar als Produkt des Ich*; und
wir haben demnach hier die Befchaffenheit im Dinge,
woran wir das Ich anknüpfen können.

Zur Beförderung der Ueberficht zeichnen wir das
fyftematifche Schema vor, wornach wir uns in der endlichen Auflöfung unfrer Frage zu richten haben, und
deffen Gültigkeit in der Grundlage, bei Eiörterung des
Begriffs der Wechfelwirkung erwiefen worden. — Das
Ich fezt fich felbft als Totalität, oder es beftimmt fich;
dies ift nur unter der Bedingung möglich, dafs es etwas von fich ausfchliefse, wodurch es begrenzt wird.
Ift A Totalität, fo wird B ausgefchloffen. — Nun
aber ift B, fo gewifs es ausgefchloffen wird, auch gefezt; es foll durch das Ich, welches blofs unter diefer
Bedingung A. als Totalität fetzen kann, gefezt feyn,
das Ich mufs demnach auch über daffelbe als gefezt reflektiren. Nunmehro aber ift A. nicht mehr Totalität;
fondern es wird durch das Gefeztfeyn des andern felbft
ausgefchloffen von der Totalität, wie wir uns in der
Grundlage ausdrückten, und es ift demnach gefezt
A+B. — Ueber daffelbe *in diefer Vereinigung*, mufs wieder
reflektirt werden, denn fonft wäre es nicht vereinigt;
aber durch diefe Reflexion wird es felbft begrenzt, mithin als Totalität gefezt, und es mufs ihm nach der obigen Regel etwas entgegengefezt werden. — Inwiefern
durch die angeführte Reflexion A+B gefezt wird, als
Totalität, wird es dem abfolut als Totalität gefezten A
(hier dem Ich) gleich gefezt; gefezt, und aufgenommen

men in das Ich, in der uns nun wohl bekannten Bedeutung, mithin wird ihm infofern B entgegengefezt,
und da B hier in A$+$B mit enthalten ift, wird B fich
felbft entgegengefezt, inwiefern es theils vereinigt ift
mit A (enthalten im Ich) theils entgegengefezt A (dem
Ich). A$+$B wird nach der oben angegebnen, und erwief-
nen Formel beftimmt durch B. — Auf A$+$B beftimmt
durch B mufs als folches, d. i. inwiefern A$+$B durch
B beftimmt ift, reflektirt werden. — Dann ift aber,
da B durch B beftimmt feyn foll, auch' das mit demfelben fynthetifch vereinigte A. dadurch beftimmt; und
da B und B fynthetifch vereinigt feyn follen, auch das
mit dem erftern B. vereinigte A. damit fynthetifch vereinigt. Dies widerfpricht dem erften Satze, nach welchem A und B fchlechthin entgegen gefezt feyn follen.
Diefer Widerfpruch ift nicht anders zu löfen, als dadurch, dafs A ihm felbft entgegengefezt werde; und
fo wird A$+$B beftimmt durch A, fo wie es in der Erörterung des Begriffs der Wechfelwirkung gefordert wurde. Nun aber kann A ihm felbft nicht entgegen gefezt feyn, wenn die geforderten Synthefen möglich
feyn follen. Es mufs demnach fich gleich, und fich
entgegengefezt feyn zugleich, d. h. es mufs eine Handlung des abfoluten Vermögens des Ich, der Einbildungskraft, geben, durch welche daffelbe abfolut vereinigt
wird. — Wir gehen nach diefem Schema an die Unterfuchung.

*Ift A. Totalität, und wird als folche gefezt, fo wird
B. ausgefchloffen.* — Das Ich fezt fich mittelbar als Ich,
und begrenzt fich infofern, inwiefern es das Bild mit
abfoluter Freiheit entwirft, und zwifchen mehrern mög-

E 5   lichen

lichen Beſtimmungen deſſelben in der Mitte ſchwebt.
Das Bild iſt noch nicht beſtimmt, aber es wird beſtimmt;
das ch iſt in der Handlung des Beſtimmens begriffen.
Das iſt der ſchon oben vollkommen geſchilderte Zu-
ſtand, auf welchen wir uns hier beziehen.   Er heiſse
A, (Innere Anſchauung des Ich im freien Bilden.)

Inwiefern das Ich ſo handelt, ſezt es dieſem frei
ſchwebenden Bilde, und mittelbar ſich ſelbſt, dem bil-
denden, entgegen die vollkommen beſtimmte Eigenſchaft, von der wir ſchon oben gezeigt haben, daſs ſie
umfaſst, und aufgefaſst werde durch das Ich, vermittelſt der unmittelbaren Anſchauung des Dinges, in welcher aber das Ich ſeiner ſelbſt ſich nicht bewuſt iſt. Ie-
nes beſtimmte wird nicht als Ich geſezt, ſondern demſelben entgegengeſezt, und alſo ausgeſchloſſen. Es
heiſse B.

*B wird geſezt, und demnach A von der Totalität
ausgeſchloſſen.* — Das Ich ſezte die Eigenſchaft als beſtimmt, und es konnte ſich, wie es doch ſollte, im Bilden keinesweges als frei ſetzen, ohne ſie ſo zu ſetzen.
Das Ich muſs demnach, ſo gewiſs es ſich frei bildend
ſetzen ſoll, auf jene Beſtimmtheit der Eigenſchaft reflektiren. (Es iſt hier nicht die Rede von der ſynthetiſchen Vereinigung mehrerer Merkmale in Einem Subtrat, und eben ſo wenig von der ſynthetiſchen Vereinigung des Merkmals mit dem Subſtrate, wie ſich ſogleich ergeben wird; ſondern von der vollkommnen
Beſtimmtheit des vorſtellenden Ich in Auffaſſung eines
Merkmals, wovon als Beiſpiel man ſich indeſſen die
Figur eines Körpers im Raume denken kann.) Dadurch
wird

wird nun das Ich von der Totalität ausgeschloßen, d. h.
es ist sich selbst nicht mehr genug, es ist nicht mehr
durch sich selbst, sondern durch etwas anderes ihm völlig entgegengeseztes bestimmt; sein Zustand, d. i. das
Bild in ihm läst sich nicht mehr lediglich aus ihm selbst,
sondern blofs durch etwas außer ihm erklären, und
es ist demnach gesezt A $+$ B. oder A bestimmt durch B
als Totalität. (Aeußere bestimmte reine Anschauung.)
(Ueberhaupt bei den gegenwärtigen Unterscheidungen,
und besonders bei der jetzigen ist wohl zu merken,
dafs etwas denselben einzeln entsprechendes im Bewuſt-
seyn gar nicht vorkommen könne. Die geschilderten
Handlungen des menschlichen Geistes kommen nicht
getrennt vor in der Seele, und werden dafür auch gar
nicht ausgegeben; sondern alles was wir jezt aufstellen,
geschieht in synthetischer Vereinigung, wie wir denn
beständig fort den synthetischen Gang gehen, und von
dem Vorhandenseyn des einen Gliedes auf das Vorhandenseyn der übrigen schliefsen. Ein Beispiel der deducirten Anschauung würde seyn die Anschauung jeder
reinen geometrischen Figur, z. B. die eines Kubus. Aber
eine solche Anschauung ist nicht möglich. Man kann
sich keinen Kubus einbilden, ohne den Raum, in dem
er schweben soll, sich zugleich einzubilden, und dann
seine Grenze zu beschreiben; und findet hier zugleich
in der sinnlichen Erfahrung den Satz erwiesen, dafs
das Ich keine Grenze setzen könne, ohne zugleich ein
begrenzendes, durch die Grenze ausgeschlofsnes zu
setzen.)

*Auf A $+$ B mufs, und zwar in dieser Verbindung, re-
flektirt werden,* d. h. es wird auf die Beschaffenheit,

als

als eine beflimmte, reflektirt. Ohne dies wäre fie nicht
im Ich; ohne dies wäre das geforderte Bewuftfeyn derfelben nicht möglich. Wir werden demnach von dem
Punkte aus, auf welchem wir ftehen, felbft, und durch
keinen in ihm felbft liegenden Grund weiter getrieben
(eben fo das Ich, welches der Gegenftand unfrer Unterfuchung ift) und das ift eben das Wefen der Synthefis; hier liegt jenes die Unvollftändigkeit verrathen-
de X. von dem oft die Rede gewefen. — Diefe Reflexion gefchieht, wie jede, durch abfolute Spontaneität; das Ich reflektirt fchlechthin; weil es Ich ift. Es
wird feiner Spontaneität in diefem Handeln fich nicht
bewuft, aus dem oft angeführten Grunde; aber das Objekt feiner Reflexion, inwiefern es das ift, wird dadurch
Produkt jener Spontaneität, und es mufs ihm das Merkmal eines Produktes der freien Handlung des Ich, die
Zufälligkeit, zukommen. Nun kann es nicht zufällig
feyn, inwiefern es als *beflimmt* gefezt ift, und als folches darüber reflektirt wird, mithin in einer andern
Rükficht, die fich fogleich zeigen wird. — Es wird
durch die ihm zukommende Zufälligkeit Produkt des
Ich, und darinn aufgenommen; das Ich beflimmt fich
demnach abermals, und dies ift nicht möglich, ohne
dafs es fich Etwas, alfo ein Nicht-Ich entgegenfetze.

(Hierbei die allgemeine, fchon oft vorbereitete,
aber nur hier recht deutlich zu machende Bemerkung.
Das Ich reflektirt mit Freiheit; eine Handlung des
Beflimmens, die eben dadurch felbft beflimmt wird:
aber es kann nicht reflektiren, Grenze fetzen, ohne
zugleich abfolut etwas zu produciren, als ein begrenzendes. Alfo *Beflimmen* und *Produciren* find immer
bei-

beiſammen, und dies iſt es, woran die Identität des Bewuſtſeyns ſich hält.)

Dieſes entgegengeſezte iſt *nothwendig* in Beziehung
auf die beſtimmte Eigenſchaft; und dieſe iſt in Beziehung auf jenes *zufällig*. Es iſt ferner, gerade wie die
Eigenſchaft, entgegengeſezt dem Ich, und daher, wie
ſie, Nicht-Ich, aber ein *nothwendiges* Nicht-Ich.

Aber die Eigenſchaft, als beſtimmtes, und *inwiefern*
ſie dies iſt, — alſo, als etwas, gegen welches das Ich ſich
blos leidend verhält, — muſs von dem Ich ausgeſchloſſen
werden, nach den obigen Erörterungen; und das Ich,
wenn und inwiefern es als auf ein beſtimmtes reflektirt, wie hier geſchieht, muſs daſſelbe von ſich aus-
ſchlieſsen. Nun ſchlieſst das Ich in der gegenwärtigen
Reflexion auch noch ein anderes Nicht-Ich, als beſtimmt,
und nothwendig von ſich aus. Mithin muſs dieses beides 'aufeinander bezogen, und ſynthetiſch vereinigt
werden. Der Grund der Vereinigung iſt der, das beide Nicht-Ich demnach in Beziehung auf das Ich Eins
und ebendaſſelbe ſind; der Unterſcheidungsgrund der:
die Eigenſchaft iſt *zufällig*, ſie könnte auch anders ſeyn,
das Subſtrat aber, als ſolches, iſt in Beziehung auf die
erſtere nothwendig da. — Beide ſind vereinigt, d. i.
ſie ſind in Beziehung auf einander nothwendig und zufällig: die Eigenſchaft muſs ein Subſtrat haben, aber
dem Subſtrat muſs nicht dieſe Eigenſchaft zukommen.
Ein ſolches Verhältniſs des Zufälligen zum Nothwendigen in der ſynthetiſchen Einheit nennt man das Verhältniſs der *Subſtantialität*. — (B entgegengeſezt B. Das
leztere B iſt gar nicht im Ich. — A + B. iſt beſtimmt durch

B.

B. Das in das Ich aufgenommne an ſich vollkommen
beſtimmte Bild mag immer beſtimmt ſeyn für das Ich;
dem Dinge iſt die darinn ausgedrükte Eigenſchaft zufällig. Sie könnte ihm auch nicht zukommen.)

*Es muſs reflektirt werden auf das im vorigen Geſchäft
ausgeſchloſsne B,* das wir als das nothwendige Nicht-
Ich, im Gegenſatze des im Ich enthaltnen zufälligen
kennen. Es folgt aus dieſer Reflexion ſogleich, daſs
das vorher als Totalität geſezte A+B nun nicht mehr
Totalität, d. i. daſs es nicht mehr das alleinig im Ich
enthaltne, und inſofern zufällige ſeyn könne. Es muſs
durch das nothwendige beſtimmt werden. *Zuförderſt,*
die Eigenſchaft, das Merkmal, Bild, oder wie man
es nennen will, muſs dadurch beſtimmt werden. Sie
war geſezt, als dem Dinge zufällig, das leztere als
nothwendig; ſie ſind demnach völlig entgegengeſezt.
Iezt müſſen ſie, ſo gewiſs über beide durch das Ich reflektirt werden ſoll, in dieſem Einem, und eben demſelben Ich vereinigt werden. Dies geſchieht durch abſolute Spontaneität des Ich. Die Vereinigung iſt lediglich Produkt des Ich; ſie wird geſezt, heiſst, *es wird
ein Produkt durch das Ich geſezt.* — Nun wird das Ich
ſeines Handelns unmittelbar ſich nie bewuſt, ſondern
nur in dem Produkte, und vermittelſt des Produkts.
Die Vereinigung beider muſs daher ſelbſt als zufällig
geſezt werden; und da alles zufällige geſezt wird, als
entſtanden durch Handeln, muſs ſie ſelbſt geſezt werden, als entſtanden durch Handeln. — Nun kann das,
was in ſeinem Daſeyn ſelbſt zufällig iſt, und abhängig
von einem andern, nicht als handelnd geſezt werden;
mithin nur das Nothwendige. Auf das Nothwendige

wird

wird in der Reflexion, und durch fie der Begriff des Handelns übertragen, der eigentlich nur in dem reflektirenden felbft liegt, und das Zufällige wird gefezt als Produkt deffelben, als Aeufferung feiner freien Thätigkeit. Ein folches fynthetifches Verhältnis heifst das der *Wirkfamkeit*, und das Ding in diefer fynthetifchen Vereinigung des Nothwendigen und Zufälligen in ihm betrachtet, ift das *wirkliche* Ding.

(Wir machen bei diefem höchft wichtigen Punkte einige Anmerkungen.

1.) Die fo eben aufgezeigte Handlung des Ich ift offenbar eine Handlung durch die Einbildungskraft in der Anfchauung; denn theils vereinigt das Ich völlig entgegengefeztes, welches das Gefchäft der Einbildungskraft ift; theils verliert es fich felbft in diefem Handeln, und trägt dasjenige, was in ihm ift, über auf das Objekt feines Handelns, welches die Anfchauung charakterifirt.

2.) Die fogenannte Kategorie der Wirkfamkeit zeigt fich demnach hier, als lediglich in der Einbildungskraft entfprungen: und fo ift es, es kann nichts in den Verftand kommen, auffer durch die Einbildungskraft. Welche Aenderung der Verftand mit jenem Produkte der Einbildungskraft vornehmen werde, läfst fich fchon hier vorausfehen. Wir haben das Ding gefezt, als *frei* handelnd, und ohne alle Regel, (wie es denn auch wirklich, fo lange der Verftand feine Handelsweife nicht umfafst, und begreift, im Bewufstfeyn gefezt wird, als *Schikfal* mit allen feinen möglichen Modifikationen;) weil die Einbildungskraft ihr eignes *freies* Han-

Handeln darauf überträgt. Es fehlt das Gefezmäſ-
ſige. Wird der gebundne Verſtand auf das Ding
ſich richten, ſo wird daſſelbe nach einer Regel
wirken, ſo wie er ſelbſt.

3.) *Kant*, der die Kategorien urſprünglich als
Denkformen erzeugt werden läſst, und der von
ſeinem Geſichtspunkte aus daran völlig Recht hat,
bedarf der durch die Einbildungskraft entworfnen
Schemate, um ihre Anwendung auf Objekte möglich zu machen; er läſst ſie demnach eben ſowohl,
als wir, durch die Einbildungskraft bearbeitet werden, und derſelben zugänglich ſeyn. In der Wiſſenſchaftslehre entſtehen ſie *mit dem Objekten zugleich* und um dieſelben erſt möglich zu machen,
auf dem Boden der Einbildungskraft ſelbſt.

4.) *Maimon* ſagt über die Kategorie der Wirkſamkeit daſſelbe, was die Wiſſenſchaftslehre ſagt:
nur nennt er ein ſolches Verfahren des menſchli-
chen Geiſtes eine Täuſchung. Wir haben anderwärts geſehn, daſs dasjenige nicht Täuſchung zu
nennen ſey, was den Geſetzen des vernünftigen
Weſens angemeſſen iſt, und nach denſelben ſchlecht-
hin nothwendig iſt, und nicht vermieden werden
kann, wenn wir nicht aufhören wollen, vernünftige Weſen zu ſeyn. — Aber der eigentliche Streit-
punkt liegt im folgenden: „Mögt ihr doch immer,‟
würde *Maimon* ſagen, „Geſetze des Denkens a prio.
„ri haben, wie ich euch als erwieſen zuge-
ſtehe‟, (welches allerdings viel zugeſtanden iſt,
denn wie mag doch ein bloſes Geſez im menſch-
lichen Geiſte vorhanden ſeyn, ohne Anwendung.

eine

eine leere Form ohne Stoff?) „ſo könnt ihr dieſel-
„ben auf Objekte, doch nur vermittelſt der Ein-
„bildungskraft anwenden; mithin muſs im Geſchäft
„der Anwendung in derſelben Objekt und Geſez
„zugleich ſeyn. Wie kommt ſie doch zum Objekte“? Dieſe Frage kann nicht anders beantwortet
werden, als ſo: ſie muſs es ſelbſt produciren, (wie
in der Wiſſenſchafslehre aus andern Gründen ganz
unabhängig von jenem Bedürfniſs ſchon dargethan
worden iſt.) — Der durch den Buchſtaben *Kants*
allerdings beſtätigte, ſeinem *Geiſte* aber völlig wi-
derſtreitende Irrthum liegt demnach bloſs darin,
daſs das Objekt etwas anderes ſeyn ſoll, als ein
Produkt der Einbildungskraft. Behauptet man dies,
ſo wird man ein transscendenter Dogmatiker, und
entfernt ſich gänzlich vom Geiſte der kritiſchen
Philoſophie.

5) *Maimon* hat bloſs die Anwendbarkeit des Ge-
ſetzes der Wirkſamkeit bezweifelt; er könnte nach
ſeinen Grundſätzen die Anwendbarkeit aller Geſetze a priori bezweifelt haben. — So *Hume* Er
erinnerte: ihr ſelbſt ſeyd es, die ihr den Begriff
der Wirkſamkeit in euch habt, und ihn auf die
Dinge übertraget; mithin hat eure Erkenntniſs
keine objektive Gültigkeit. *Kant* geſteht ihm den
Vorderſatz nicht nur für den Begriff der Wirkſamkeit, ſondern für alle Begriffe a priori zu; aber
er lehnt durch den Erweis, daſs ein Objekt lediglich für ein mögliches Subjekt ſeyn könne, ſeine
Folgerung ab. Es blieb in dieſem Streite unbe-
rührt, durch welches Vermögen des Subjekts das

im

im Subjekt liegende auf das Objekt übertragen werde. Lediglich durch die Einbildungskraft wendet
ihr das Gefez der Wirkfamkeit auf Objekte an,
erweifst *Maimon*, mithin hat eure Erkenntnifs
keine objektive Gültigkeit, und die Anwendung
eurer Denkgefetze auf Objekte ift eine blofse Täu-
fchung. Die Wiffenfchaftslehre gefteht ihm den
Vorderfatz nicht nur für das Gefez der Wirkfamkeit, fondern für alle Gefetze a priori zu, zeigt
aber durch eine nähere Beftimmung des Objekts,
welche fchon in der Kantifchen Beftimmung liegt,
dafs unfre Erkenntnifs geráde darum objektive
Gültigkeit habe, und nur unter diefer Bedingung
fie haben könne. — So geht der Skepticismus,
und der Kriticismus jeder feinen einförmigen Weg
fort, und beide bleiben fich felbft immer getreu.
Man kann nur fehr uneigentlich fagen, dafs der
Kritiker den Skeptiker widerlege. Er giebt vielmehr ihm zu, was er fordert, und meiftens noch
mehr, als er fordert; und befchränkt lediglich die
Anfprüche, die derfelbe meiftentheils gerade
wie der Dogmatiker auf eine Erkenntnifs des Dinges an fich macht, indem er zeigt, dafs diefe Anfprüche ungegründet find.)

, Das was wir jezt als Aeufferung der Thätigkeit des
Dinges kennen, und was durch die übrigens freie
Thätigkeit deffelben vollkommen beftimmt ift, ift gefezt
in das Ich, und ift beftimmt für das Ich, wie wir oben
gefehen haben. Demnach ift mittelbar das Ich felbft
dadurch beftimmt; es hört auf Ich zu feyn, und wird
felbft Produkt des Dinges, weil das, daffelbe ausfüllen-
de

de und ſtellvertretende, Produkt des Dinges iſt. Das
Ding wirkt durch, und vermittelſt dieſer ſeiner Aeuſſerung auf das Ich ſelbſt, und das Ich iſt gar nicht
mehr Ich, das durch ſich ſelbſt geſezte, ſondern es iſt
in dieſer Beſtimmung das durch das Ding geſezte. (Die
Einwirkung des Dinges auf das Ich, oder der phyſiſche
Einfluſs der Lockianer, und der neuern Eklektiker,
die aus den ganz heterogenen Theilen des Leibnitzi-
ſchen, und Lockiſchen Syſtems ein unzuſammenhän-
gendes Ganzes zuſammenſetzen, welcher aber von dem
gegenwärtigen Geſichtspunkte aus, aber auch nur von
ihm aus, völlig gegründet iſt.) — Das aufgeſtellte findet
ſich, wenn auf A+B beſtimmt durch B reflektirt wird.

So kann es nicht ſeyn, daher muſs A+B beſtimmt
durch B wieder in das Ich geſezt, oder nach der Formel, beſtimmt werden durch A.

Zuförderſt A. d. i. die in dem Ich durch das Ding
hervorgebracht ſeyn ſollende Wirkung wird geſezt in
Rükſicht auf das Ich, als zufällig. Demnach wird dieſer Wirkung im Ich, und dem Ich ſelbſt, inwiefern es
durch ſie beſtimmt iſt, entgegengeſezt ein nothwendig
in ſich ſelbſt und durch ſich ſelbſt ſeyendes Ich, das Ich
an ſich. Gerade wie oben dem zufälligen im Nicht Ich
das nothwendige, oder das Ding an ſich entgegengeſezt würde, ſo wird hier dem zufälligen im Ich das
nothwendige oder das Ich an ſich entgegengeſezt, und
dieſes iſt gerade wie das obige Produkt des Ich ſelbſt.
Das nothwendige iſt Subſtant, das zufällige ein Accident in ihm. — Beide, das zufällige, und das nothwendige müſſen ſynthetiſch vereinigt geſezt werden,
als ein und eben daſſelbe Ich. Nun ſind ſie abſolut ent-

gegen-

gegengeſezt, mithin nur durch abſolute Thätigkeit des
Ich zu vereinigen, welcher, wie oben, das Ich ſich
nicht unmittelbar bewuſt wird, ſondern ſie überträgt
auf die Objekte der Reflexion, demnach das Verhältniſs der Wirkſamkeit zwiſchen beiden ſezt. Das zufällige wird bewirktes durch die Thätigkeit des abſoluten
Ich im Reflektiren, eine Aenſſerung des Ich, und inſofern etwas wirkliches für daſſelbe. Daſs es bewirktes
des Nicht Ich ſeyn ſollte, davon wird in dieſer Reflexion völlig abſtrahirt, denn es kann etwas nicht zugleich
bewirktes des Ich, und ſeines entgegengeſezten des
Nicht-Ich ſeyn. Dadurch wird nun ausgeſchloſſen vom
Ich das Ding mit ſeiner Aenſſerung, und demſelben
völlig entgegengeſezt. — Beide, Ich und Nicht-Ich
exiſtiren an ſich nothwendig, deide völlig unabhängig
von einander; beide äuſſern ſich in dieſer Unabhängig-
keit, jedes durch ſeine eigne Thätigkeit und Kraft,
die wir noch nicht unter Geſetze gebracht haben, die
demnach noch immer völlig frei ſind.

Es iſt jezt deducirt, wie wir dazu kommen, ein
handelndes Ich, und ein handelndes Nicht-Ich entgegen zu ſetzen, und beide zu betrachten, als völlig unabhängig von einander. Inſofern iſt das Nicht-Ich überhaupt da, und iſt durch ſich ſelbſt beſtimmt; daſs es aber
durch das Ich vorgeſtellt wird, iſt zufällig für daſſelbe.
Eben ſo iſt das Ich da, und handelt durch ſich ſelbſt,
daſs es aber das Nicht-Ich vorſtellt, iſt zufällig für daſſelbe. Die Aenſſerung des Dinges in der Erſcheinung
iſt Produkt des Dinges; dieſe Erſcheinung, inwiefern
ſie für das Ich da iſt, und durch daſſelbe aufgefaſst wird,
iſt Produkt des Ich.

Das

Das Ich kann nicht handeln, ohne ein Objekt zu haben; also durch die Wirkfamkeit des Ich wird die des Nicht-Ich gefezt: das Nicht-Ich kann wirken, aber nicht für das Ich, ohne dafs das Ich auch wirke; dadurch, dafs eine Wirkfamkeit deffelben *für das Ich* gefezt wird, wird zugleich die Wirkfamkeit des Ich gefezt. Die Aeufferungen beider Kräfte find daher nothwendig fynthetifch vereinigt, und der Grund ihrer Vereinigung (das, was wir oben ihre Harmonie nannten) mufs aufgezeigt werden.

Die Vereinigung gefchieht durch abfolute Spontaneität, wie alle Vereinigungen, die wir bis jezt aufgezeigt haben. Was durch Freiheit gefezt ift, hat den Charakter der Zufälligkeit; demnach mufs auch die gegenwärtige fynthetifche Einheit diefen Charakter haben. — Oben wurde das Handeln übertragen; dies ift demnach fchon gefezt, und kann nicht abermals gefezt werden; bleibt die zufällige Einheit des Handelns, d. i. das ohngefähre Zufammentreffen der Wirkfamkeit des ich und des Nicht Ich *in einem dritten, das weiter gar nicht ift, noch feyn kann, als das, worin fie zufammentreffen;* und welches wir indeffen *einen Punkt* nennen wollen.

§. 4. **Die Anfchauung wird beftimmt in der Zeit, und das angefchaute im Raume.**

Die Anfchauung foll feyn im Ich, ein Accidens des Ich, nach dem vorherigen §., das Ich mufs demnach fich fetzen, als das anfchauende; es mufs die Anfchauung in Rükficht auf fich felbft beftimmen: ein Satz, der im theoretifchen Theile der Wiffenfchaftslehre poftulirt

F   lirt

lirt wird, nach dem Grundfatze: nichts kommt dem Ich
zu, als dasjenige, was es in fich felbft fezt.

Wir verfahren hier nach dem gleichen Schema der
Unterfuchung, wie im vorherigen §., nur mit dem Un-
terfchiede, dafs dort von *etwas*, von einer Anfchauung,
hier aber lediglich von einem *Verhältniffe*, von einer
fynthetifchen Vereinigung entgegengefezter Anfchauun-
gen die Rede feyn wird; mithin da, wo dort auf Ein
Glied reflektirt wurde, hier auf zwei entgegengefezte
in ihrer Verbindung wird reflektirt werden müffen;
demnach hier durchgängig dreifach feyn wird, was
dort einfach war.

I) Die Anfchauung, fo wie fie oben beftimmt worden, d. i. die fynthetifche Vereinigung der Wirkfamkeit des Ich, und Nicht Ich durch das zufällige Zufammentreffen in Einem Punkte wird gefezt, und aufgenommen in das Ich heift nach der nun fattfam bekannten Bedeutung: *fie wird gefezt, als zufällig.* — Es ift
wohl zu merken, dafs nichts von dem einmal in ihr
feftgefezten verändert werden darf, fondern alles forg-
fältig beibehalten werden mufs. Die Anfchauung wird
nur *weiter* beftimmt; aber alle einmal gefezte Beftimmungen bleiben.

Die Anfchauung X wird *als Anfchauung* als zufällig
gefezt, heift: es wird ihr eine andere Anfchauung —
nicht etwa ein anderes Objekt, eine andere Beftimmung,
u. dergl. fondern, worauf hier alles ankommt, eine
vollkommen wie fie beftimmte andere *Anfchauung* = Y
entgegengefezt, die im Gegenfatze mit der erftern nothwendig, und die erftere im Gegenfatze mit ihr zufällig

ift

ift. Y ift infofern von dem in X anfchanenden Ich völlig ausgefchloffen.

X fällt als Anfchauung—nothwendig in einen Punkt;
Y als Anfchauung gleichfalls, aber in einen dem erftern
entgegengefezten, und alfo von ihm völlig verfchied-
nen, Der eine ift nicht der andre.

Es fragt fich nur, welches denn die Nothwendigkeit fey, die der Anfchauung Y in Beziehung auf X
und die Zufälligkeit, die der Anfchauung X in Beziehung auf Y zugefchrieben werde. Folgende: die Anfchauung Y ift mit ihrem Punkte nothwendig fynthetifch vereinigt, wenn X mit dem ihrigen vereinigt
werden foll; die Möglichkeit der fynthetifchen Vereinigung X und ihres Punktes fezt die Vereinigung der
Anfchauung Y mit ihrem Punkte voraus; nicht aber
umgekehrt. In den Punkt, in welchem X gefezt wird,
läfst fich, — fo fezt das Ich — auch eine andere Anfchauung fetzen; in denjenigen aber, in welchem Y
gefezt ift, fchlechthin keine andre, als Y, wenn X als
Anfchauung des Ich foll gefezt werden können.

Nur inwiefern diefe Zufälligkeit der Synthesis gefezt wird, ft X zu fetzen, als Anfchauung des Ich; und
nur inwiefern diefer Zufälligkeit die Nothwendigkeit
der gleichen Synthefis entgegengefezt wird, ift fie felbft
zu fetzen.

(Es bleibt dabei freilich die weit fchwierigere Frage zu beantworten übrig, wodurch denn der Punkt X
noch anders beftimmt, und beftimmbar feyn möge,
denn durch die Anfchauung X und der Punkt Y anders,
denn durch die Anfchauung Y. Bis jezt ift diefer Punkt

F 2

noch

noch gar weiter nichts, als dasjenige, worinn eine
Wirkſamkeit des Ich und Nicht-Ich zuſammentreffen;
eine Syntheſis, durch welche die Anſchauung, und welche allein durch die Anſchauung möglich wird, und
ſo und nicht anders iſt er im vorigen §. aufgeſtellt worden. Nun iſt klar, daſs, wenn der Punkt X geſezt
werden ſoll als dasjenige, in welchem auch eine andere
Anſchauung ſich ſetzen laſse, der Punkt Y aber im Gegenſatze als derjenige, in welchem keine andere ſich ſetzen
laſſe, beide von ihren Anſchauungen ſich abſondern,
und unabhängig von ihnen ſich von einander müſſen
unterſcheiden laſſen. *Wie* dies möglich ſey, läſst ſich
hier freilich noch nicht einſehen; wohl aber ſoviel,
daſs es möglich ſeyn müſſe, wenn je eine Anſchauung
dem Ich zugeſchrieben werden ſolle.)

II.) Wird A geſezt als Totalität, ſo wird B. ausgeſchloſſen. Bedeutet A das durch Freiheit zu beſtim-
mende Bild, ſo bedeutet B die ohne Zuthun des Ich
beſtimmte Eigenſchaft. — In der Anſchauung X, inwiefern ſie überhaupt eine Anſchauung ſeyn ſoll, wird
nach dem vorigen § ein beſtimmtes Objekt X ausgeſchloſſen; ſo auch in der ihr entgegengeſezten Anſchauung Y. Beide Objekte ſind als ſolche beſtimmt,
d. h. das Gemüth iſt in Anſchauung derſelben genöthigt,
ſie gerade *ſo* zu ſetzen, wie es ſie ſezt. Dieſe Beſtimmtheit muſs bleiben, und es iſt nicht die Rede davon,
ſie zu ändern.

Aber welches Verhältniſs unter den Anſchauungen
iſt, daſſelbe iſt nothwendig auch unter den Objekten.
Mithin müſſe das Objekt X in Beziehung auf Y *zufällig,* dieſes aber in Beziehung auf jenes *nothwendig* ſeyn.

Die

Die Beſtimmung des X ſezt nothwendig die des Y voraus, nicht aber umgekehrt.

Nun aber ſind beide Objekte, *als Objekte der Anſchauung überhaupt*, vollkommen beſtimmt, und das geforderte Verhältniſs beider zu einander kann auf dieſe Beſtimmtheit ſich nicht beziehen, ſondern auf eine andere noch völlig unbekannte; auf eine ſolche, durch welche etwas nicht ein Objekt überhaupt, ſondern nur ein Objekt einer von einer andern Anſchauung zu unterſcheidenden Anſchauung wird. Die geforderte Beſtimmung gehört nicht zu den *innern* Beſtimmungen des Objekts (inwiefern von ihm der Satz A = A gilt) ſondern ſie iſt eine äuſſere. Da aber ohne die geforderte Unterſcheidung es nicht möglich iſt, daſs eine Anſchauung in das Ich geſezt werde, jene Beſtimmung aber die Bedingung der geforderten Unterſcheidung iſt, ſo iſt das Objekt nur unter Bedingung dieſer Beſtimmtheit Objekt der Anſchauung, und ſie iſt ausſchlieſſende Bedingung aller Anſchauung. Wir nennen das unbekannte, durch welches das Objekt beſtimmt werden ſoll, indeſſen O, die Art, wie Y dadurch beſtimmt iſt z, die wie X dadurch beſtimmt iſt, v.

Das gegenſeitige Verhältniſs iſt folgendes: X muſs geſezt werden, als ſynthetiſch zu vereinigend mit v, oder auch nicht; alſo auch v. als ſynthetiſch zu vereinigend mit X, oder mit jedem andern Objekte: Y dagegen als durch eine Syntheſis nothwendig mit z vereinigt, wenn X mit v vereinigt werden ſoll. — *Indem* v als zu *vereinigend* mit X geſezt wird, oder auch nicht, wird Y nothwendig geſezt, als *vereinigt* mit z, und daraus geht zugleich folgendes hervor: jedes mög-

F 3

li-

liche Objekt ist mit v. zu vereinigen, nur nicht Y, denn es ist schon unzertrennlich vereinigt. So auch X ist mit jedem möglichen O, zu vereinigen, nur nicht mit z, denn mit diesem ist Y unzertrennlich vereinigt; von diesem ist es dahero schlechthin ausgeschlossen.

X und Y sind vom Ich völlig ausgeschlossen, das Ich vergißt und verliert sich selbst gänzlich in ihrer Anschauung: das Verhältnis beider also, von welchem hier die Rede ist, läßt sich schlechterdings nicht von dem Ich ableiten, sondern es muß *den Dingen selbst zugeschrieben werden* — es erscheint dem Ich, als nicht abhängig von seiner Freiheit, sondern als bestimmt durch die Dinge. — Das Verhältniß war; weil z mit Y vereinigt ist, ist X davon schlechthin ausgeschlossen. Dies auf die Dinge übertragen, muß ausgedrükt werden: Y schließt X von z aus, es bestimmt daßelbe negativ. Gehe Y bis zum Punkte d, so wird X bis zu diesem Punkte, gehe es bis c, so wird X nur bis dahin ausgeschlossen, u. s. f. Da es aber gar keinen andern Grund giebt, warum X nicht mit z vereinigt werden kann, außer den, daß es durch Y davon ausgeschloßen wird, und da das begründete offenbar nicht weiter gilt, als der Grund, so geht X bestimmt da an, wo Y aufhört es auszuschließen, oder wo Y ein Ende hat; und es kommt ihnen daher Continuität zu.

Dieses Ausschließen, diese Continuität ist nicht möglich, wenn nicht beide X und Y in einer gemeinschaftlichen Sphäre sind (welche wir hier freilich noch gar nicht kennen) und in derselben in *einem* Punkte zusammentreffen. Im Setzen dieser Sphäre besteht die synthetische Vereinigung beider nach dem geforderten

derten Verhältniſſe. Es wird demnach durch abſolute Spontaneität der Einbildungskraft eine ſolche gemein-ſchaftliche Sphäre producirt.

III.) Wird auf das ausgeſchloſsne B. reflektirt, ſo wird A dadurch ausgeſchloſſen von der Totalität (vom Ich). Da aber B. eben durch die Reflexion in das Ich aufgenommen, mithin ſelbſt mit A vereinigt als Tota-lität (als zufällig) geſezt wird, ſo muſs ein anderes B. ; in Rükſicht auf welches es zufällig iſt, ausgeſchloſſen, oder demſelben als nothwendig entgegengeſezt werden. Wir wenden dieſen allgemeinen Satz an auf den gegen-wärtigen Fall.

Y iſt jezt, laut unſers Erweiſes, in Rükſicht ſeiner ſynthetiſchen Vereinigung mit einem noch völlig unbe-kannten O beſtimmt; und X iſt in Beziehung darauf, und vermittelſt deſſelben gleichfalls, wenigſtens *negativ* beſtimmt; es kann nicht auf die Art, wie Y durch O beſtimmt werden, ſondern nur auf eine entgegenge-ſezte; es iſt ausgeſchloſſen von der Beſtimmung des Y.

Beide müſſen, inwiefern ſie, was hier geſchieht, mit A vereinigt, oder in das Ich aufgenommen werden ſollen, *auch in dieſer Rükſicht* geſezt werden, als zufäl-lig. Das heiſt zuförderſt, es wird ihnen nach dem im vorigen § deducirten Verfahren entgegengeſezt ein nothwendiges Y und X, in Beziehung auf welche beide zufällig ſind — die Subſtanzen, denen beide zukom-men, als Accidenzen.

Ohne uns länger bei dieſem Gliede der Unterſu-chung aufzuhalten, gehen wir ſogleich fort zur oben gleichfalls deducirten ſynthetiſchen Vereinigung des

jezt

jezt als zufällig gefezten mit dem ihm entgegengefezten
nothwendigen. Nemlich, das im Ich aufgefafste und
infofern zufällige Y ift Erfcheinung — bewirktes, Aeufferung der nothwendig vorauszuſetzenden Kraft Y:
X das gleiche; und zwar beide Aeufferungen *freier*
Kräfte.

Welches Verhältnifs zwiſchen Y und X als Erfchei-
nungen ift, daffelbe mufs auch zwiſchen den Kräften
feyn, die durch fie fich äuffern. Die Aeufferung der
Kraft Y gefchieht demnach völlig unabhängig von der
Aeufferung der Kraft X, umgekehrt aber ift die leztero
in ihrer Aeufferung abhängig von der Aeufferung der
erftern, und wird durch fie bedingt.

Bedingt fage ich, d. h. die Aeufferung von Y beftimmt die Aeufferung X nicht *pofitiv*, welche Behauptung in dem vorher deducirten nicht den mindeften
Grund haben würde; es liegt nicht etwa in der Aeufferung Y der Grund, dafs die Aeufferung X gerade fo,
und nicht anders ift: aber fie beftimmt fie *negativ*, d.
h. es liegt in ihr der Grund, dafs X auf eine gewiffe
beftimmte Art unter allen möglichen fich *nicht* äuffern
kan n

Dies fcheint dem obigen zu widerfprechen. Es
ift ausdrüklich gefezt, dafs X fowohl als Y fich durch
freie fchlechthin uneingefchränkte Wirkfamkeit äuffern
follen. Nun foll, wie fo eben gefolgert worden, die
Aeufferung von X durch die von Y bedingt feyn. Wir
können dies vor der Hand nur negativ erklären. X
wirkt fo gut, als Y fchlechthin, weil es wirkt; demnach ift die Wirkfamkeit von Y nicht etwa die Bedingung der Wirkfamkeit von X überhaupt und ihrer
Form

Form nach; und der Satz iſt gar nicht ſo zu verſtehen,
als ob Y X afficire, auf daſſelbe wirke, es dringe, und
treibe, ſich zu äuſſern. — Ferner, X iſt in der Art
und Weiſe ſeiner Aeuſſerung völlig frei, ſo wie Y; alſo
kann das leztere eben ſo wenig die Art der Wirkſamkeit der erſtern, die Materie derſelben, bedingen, und
beſtimmen. Es iſt demnach eine wichtige Frage, welche Beziehung denn nun noch wohl übrig bleiben möge, in welcher eine Wirkſamkeit die andere bedingen
könne.

Y und X ſollen beide in einem ſynthetiſchen Verhältniſſe zu einem völlig unbekannten O. ſtehen. Denn
beide ſtehen, laut unſers Erweiſes, nothwendig, ſo
gewiſs dem Ich eine Anſchauung zugeeignet werden
ſoll, gegen einander ſelbſt in einem gewiſſen Verhältniſſe lediglich in Abſicht ihres Verhältniſſes zu O. Sie
müſſen demnach beide ſelbſt, und unabhängig von einander in einem Verhältniſſe zu O ſtehen. (Die Folgerung iſt, wie ſie ſeyn würde, wenn ich nicht wüſte, ob
A und B eine beſtimmte Gröſſe hätten; aber wüſte, daſs
A gröſſer ſey, als B. Daraus könnte ich ſicher folgern,
daſs allerdings beide ihre beſtimmte Gröſſe haben
müſten.)

O muſs ſo etwas ſeyn, das die Freiheit beider in
ihrer Wirkſamkeit völlig ungeſtört läſst, denn beide
ſollen, wie ausdruklich gefordert wird, frei wirken,
und in, bei, und unbeſchadet dieſer freien Würkſamkeit
mit O ſynthetiſch vereinigt ſeyn. Alles, worauf die
Wirkſamkeit einer Kraft geht, (was Objekt derſelben
iſt, die einzige Art der ſynthetiſchen Vereinigung, die
wir bis jezt kennen) ſchränkt durch ſeinen Widerſtand

F 5 dieſe

diese Wirksamkeit nothwendig ein. Mithin kann O gar keine Kraft, keine Thätigkeit, keine Intension haben; es kann gar nichts wirken. Es hat daher gar keine Realität, und ist Nichts. — Was es etwa doch noch seyn möge, werden wir wahrscheinlich in der Zukunft sehen. Das oben aufgestellte Verhältniß war: Y und z. sind synthetisch vereinigt, und dadurch wird X von z ausgeschlossen. Wie wir eben gesehen haben, ist diese synthetische Vereinigung des Y mit z. durch eigne, freie, ungestörte Wirksamkeit der innern Kraft Y geschehen; doch ist z. keineswegs Produkt dieser Wirksamkeit selbst, sondern mit demselben nur nothwendig vereinigt, muß daher von ihm auch unterschieden werden können. Nun wird ferner eben durch diese Vereinigung die Wirksamkeit des X und ihr Produkt *ausgeschlossen* von z, demnach ist z *die Sphäre der Wirksamkeit* von Y. — z ist, nach obigem, *nichts, denn diese Sphäre*; es ist gar nichts an sich, es hat keine Realität, und es läßt sich ihm gar kein Praedikat beilegen, als das so eben deducirte. — Ferner, z ist die Sphäre der Wirksamkeit *bloß und lediglich* von Y, denn dadurch, daß es als solche gesezt wird, wird X und jedes mögliche Objekt davon ausgeschlossen. Die Sphäre der Wirksamkeit von Y oder z bedeuten Eins und eben dasselbe, sie sind völlig gleichgeltend; z ist nichts weiter, denn diese Sphäre, und diese Sphäre ist nichts anderes, denn z. z. ist nichts, wenn Y nicht wirkt, und Y wirkt nicht, wenn z nicht ist. Die Wirksamkeit von Y *erfüllt* z. d. h. sie schließt alles andre davon aus, was nicht die Wirksamkeit von Y ist. (An eine Extension ist hier noch nicht zu denken, denn sie ist noch nicht nachgewiesen, und sie soll durch jenen Ausdruk keineswegs erschlichen werden.)

Geht

Geht z bis zum Punkte c. d. e. u. f. f., fo ift die
Wirkfamkeit des X ausgefchloffen bis c. d. e. u. f. f.
Da die leztere aber mit z. lediglich darum nicht vereinigt werden kann, weil fie durch Y davon ausgefchloffen wird, fo ift nothwendig Continuität zwifchen den
Sphären der Wirkfamkeit beider, und fie treffen in einem Punkte zufammen. Die Einbildungskraft vereinigt beides, und fezt z und — z, oder, wie wir es oben
beftimmten, v = 0.

Aber die Wirkfamkeit des X foll unbefchadet der
Freiheit deffelben ausgefchloffen feyn von z. Diefes
Ausfchlieffen gefchieht nicht unbefchadet feiner Freiheit, wenn durch die Erfüllung des z. durch Y etwas
in X negirt, aufgehoben, eine ihm an fich mögliche
Kraftäufferung unmöglich gemacht wird. Die Erfüllung von z. durch feine Wirkfamkeit mufs demnach
gar keine mögliche Aeufferung des X feyn; es mufs in
ihm gar keine Tendenz dafür, und dahin liegen. Z
ift fchon aus einem innern in X felbft liegenden Grunde nicht Wirkungsfphäre deffelben, oder vielmehr, es
liegt in X gar kein Grund, dafs z feine Wirkungsfphäre feyn könnte; fonft würde daffelbe befchränkt, und
wäre nicht frei.

Mithin treffen beide Y und X zufällig in einem
Punkte, der abfoluten fynthetifchen Einheit des abfolut
entgegengefezten (nach obigem) zufammen, ohne alle
gegenfeitige Einwirkung, ohne alles Eingreifen in
einander.

IV.) A+B foll beftimmt werden durch B. Bisher
ift dadurch nur B beftimmt worden; aber mittelbar wird
auch

auch A dadurch beſtimmt. Dies hiefs oben: das, was
im Ich iſt, und da weiter nichts im Ich iſt, als die Anſchauung, — das Ich ſelbſt iſt durch das Nicht-Ich beſtimmt, und das, was in ihm iſt, und daſſelbe ausmacht,
iſt mittelbar ſelbſt ein Produkt deſſelben. Wir wenden
dies auf den gegenwärtigen Fall an.

X iſt Produkt des Nicht-Ich, und iſt ſeiner Wir-
kungsſphäre nach beſtimmt im Ich; Y gleichfalls, beide
durch ſich ſelbſt in ihrer abſoluten Freiheit. Beide
durch ihr zufälliges Zuſammentreffen beſtimmen auch
den Punkt dieſes ihres Zuſammentreffens, und das Ich
verhält dagegen ſich blofs leidend.

So ſoll und kann es nicht ſeyn. Das Ich, ſo gewifs es Ich iſt, mufs mit Freiheit die Beſtimmung entwerfen. — Oben löſten wir im Allgemeinen dieſe
Schwierigkeit auf folgende Weiſe: Die ganze Reflexion
überhaupt auf etwas als Subſtanz — auf das daurende,
und wirkende, — das dann, wenn es einmal ſo geſezt iſt, freilich in nothwendigem ſynthetiſchen Zuſammenhange mit ſeinem Produkte ſteht, und davon
nicht mehr zu trennen iſt — hängt von der abſoluten
Freiheit des Ich ab. Hier wird ſie gerade ſo gelöſt.
Es hängt von der abſoluten Freiheit des Ich ab, ob es
auf Y und X als auf ein *daurendes*, *einfaches* reflektiren wolle, oder nicht. Reflektirt es darauf, ſo mufs
es nach dieſem Geſetze freilich Y in den Wirkungskreis
z. und denſelben ausfüllend, und in C den Grenzpunkt
zwiſchen dem Wirkungskreiſe beider ſetzen; aber es
könnte auch nicht ſo reflektiren, ſondern es könnte
ſtatt Y und X jedes mögliche als Subſtanz durch abſolute Freiheit ſetzen.

Um

Um dies sich recht deutlich zu machen, denke man sich die Sphäre z, und die Sphäre r, als zusammenhängend im Punkte C., wie sie denn wirklich also gesezt worden sind. Das Ich kann in die Sphäre z, statt Y. setzen ein a und ein b; z zum Wirkungskreise beider machen, und es theilen im Punkte g. Dasjenige, was jezt Wir.kungskreis des a ist, heiße h. Aber es ist eben so we-nig genöthigt in h a als untheilbare Substanz zu setzen, sondern es konnte statt desselben auch setzen e und d und demnach h im Punkte e theilen in f und k und so ins unendliche. Wenn es aber einmal ein a und ein b gesezt hat, so muß es ihnen einen in Einem Punkte zusammentreffenden Wirkungskreis anweisen, nach dem oben deducirten Gesetze.

Diese Zufälligkeit des Y und eben so seines Wir-kungskreises für das Ich *muß dasselbe durch die Einbil-dungskraft wirklich setzen*, aus dem schon oft angegeb-nen Grunde.

Also O wird gesezt als *ausgedehnt, zusammenhän-gend, theilbar in's unendliche*, und ist der *Raum*.

1). Indem die Einbildungskraft, wie sie soll, die Möglichkeit ganz andrer Substanzen mit ganz andern Wirkungskreisen in dem Raume z sezt, *sondert sie den Raum von dem Dinge, das ihn würklich erfüllt*, ab, und entwirft einen leeren Raum; aber lediglich zum Ver-suche, und im Uebergehen, um ihn sogleich wieder mit beliebigen Substanzen, die beliebige Wirkungs-kreise haben, zu erfüllen. Demnach ist gar kein lee-rer Raum, als lediglich in diesem Uebergehen der Ein-bildungskraft von der Erfüllung des Raums durch A zur beliebigen Erfüllung desselben mit b. c. d. u. s. f.

2). Der

2). Der unendlich kleinste Theil des Raums ift immer ein Raum, etwas, das Continuität hat, nicht aber
ein blofser Punkt, oder die Grenze zwifchen beftimmten Stellen im Raume; und diefes darum, weil in ihm
gesezt werden kann, und inwiefern er felbft gesezt
wird, wirklich durch die Einbildungskraft gesezt wird,
eine Kraft, die fich nothwendig äuffert, und die nicht
gesezt werden kann, ohne als fich äuffernd gesezt zu
werden, laut der im vorigen §. vorgenommenen Synthefis der freien Wirksamkeit; fie kann fich aber nicht
äuffern, ohne eine Sphäre ihrer Aeufferung zu haben,
die weiter auch nichts ift, denn eine solche Sphäre,
laut der in diesem §. vorgenommenen Synthefis.

3). Demnach find Intenfität und Extenfität nothwendig synthetifch vereinigt, und man mufs das eine
nicht ohne das andere deduciren wollen. Iede Kraft
erfüllt (nicht durch fich felbft, *fie ift nicht im Raume,*
und ift an fich, ohne eine Aeufferung, *gar Nichts*) aber
durch ihr nothwendiges Produkt, welches eben der
fynthetifche Vereinigungsgrund der Intenfität und Extenfität ift, nothwendig eine Stelle im Raume; und der
Raum ift nichts weiter, als das durch diese Produkte
erfüllte, oder zu erfüllende.

4). Auffer den innern Beftimmungen der Dinge,
die fich aber lediglich auf das Gefühl (des mehrern oder
mindern Gefallens oder Misfallens) beziehen, und dem
theoretifchen Vermögen des Ich gar nicht zugänglich
find, z. B. dafs fie bitter, oder füfs, rauh oder glatt,
fchwer oder leicht, roth, oder weifs u. s. f. find, und
von denen man demnach hier völlig abftrahiren mufs,
find die Dinge durch gar nichts zu unterfcheiden, als
                                                durch

durch den Raum, in welchem fie fich befinden. Dasjenige also, was den Dingen fo zukommt, dafs es ihnen, und gar nicht dem Ich zugefchrieben wird, aber
doch nicht zu ihrem innern Wefen gehört, ift der Raum,
den fie einnehmen.

5). Aber aller Raum ift gleich, und durch ihn ift
demnach auch keine Unterfcheidung, und Beftimmung
möglich, auffer unter der Bedingung, dafs fchon ein
Ding $= Y$ in einem gewiffen Raume gefezt, und diefer dadurch beftimmt, und charakterifirt fey, und nun
von X gefagt werde: es ift in einem *andern* Raume —
(verfteht fich, als Y). Alle Raumbeftimmung fezt einen
erfüllten, und durch die Erfüllung beftimmten Raum
voraus. — Setzet A in den unendlichen leeren Raum;
es bleibt fo unbeftimmt, als es war, und ihr könnt mit
die Frage, *wo* es fey, nicht beantworten, denn ihr
habt keinen beftimmten Punkt, nach welchem ihr mef-
fen, von welchem aus ihr euch orientiren könntet. Die
Stelle, welche es einnimmt, ift durch nichts beftimmt,
als durch A, und A ift durch nichts beftimmt, als
durch feine Stelle. Mithin ift da fchlechthin keine Beftimmung, als lediglich, weil und inwiefern ihr eine
fetzet; es ift eine Synthefis durch abfolute Spontaneität. — Um es finnlich auszudrücken: A könnte fich,
für irgend eine Intelligenz, die einen Punkt, von welchem, und einen Punkt, zu welchem im Gefichte hätte, unaufhörlich im Raume fort bewegen, ohne dafs
ihr es bemerktet, weil für euch keine folche Punkte
da find, fondern nur der grenzenlofe, leere Raum. Für
euch wird es daher immer in feiner Stelle bleiben, fo
gewifs es im Raume bleibt, denn es ift in ihr, abfolut
da-

dadurch, daſs ihr es in ſie ſezt. Setzet B daneben;
dieſes iſt beſtimmt, und wenn ich euch frage, wo es ſey,
ſo antwortet ihr mir: neben A; und ich bin dadurch allerdings befriediget, wenn ich nur nicht weiter frage;
aber wo iſt denn A? Setzet neben B C D E. u. ſ. f.
ins unbedingte, ſo habt ihr für alle dieſe Gegenſtände
relative Ortsbeſtimmungen; aber ihr mögt den Raum
erfüllen, ſo weit ihr wollt, ſo iſt dieſer erfüllte Raum
doch immer ein endlicher, der zum unendlichen gar
kein Verhältniſs haben kann, und mit welchem es be-
ſtändig fort die gleiche Bewandniſs hat, wie mit A.
Er iſt beſtimmt, lediglich weil ihr ihn beſtimmt habt,
kraft eurer abſoluten Syntheſis. — Eine handgreifliche
Bemerkung, wie mir es ſcheint, von welcher aus man
ſchon längſt auf die Idealität des Raums hätte fallen
ſollen.

6). Das Objekt der *gegenwärtigen* Anſchauung wird,
als ſolches, dadurch bezeichnet, daſs wir es in einen
Raum, als *leeren* Raum, durch die Einbildungskraft
ſetzen; aber dies iſt, wie gezeigt worden, nicht möglich, wenn nicht ein ſchon erfüllter Raum vorausgeſezt wird. — Eine abhängige Succeſſion der Raumer-
füllung; in welcher man aber, aus Gründen, die tiefer unten ſich zeigen werden, immer wieder zurükgehen kann.

V.) Die Freiheit des Ich ſollte dadurch wieder her-
geſtellt, und das Nicht-Ich (die Beſtimmung des Y und
des X im Raume) als zufällig geſezt werden, daſs das
Ich geſezt würde, als frei mit z. Y zu verbinden, oder
auch a b c u. ſ. f. und dadurch, daſs dieſe Freiheit geſezt wurde, zeigte ſich erſt O. als Raum. Dieſe Art der

Zufäl-

Zufälligkeit, ist ansgemittelt, und sie bleibt; aber es ist die Frage, ob die Schwierigkeit dadurch befriedigend gelöst worden.

Zwar ist das Ich überhaupt frei, im Raume Y, X, oder a, b, c. u. s. f. zu setzen: aber wenn es auf X als Substanz reflektiren soll, von welcher Voraussetzung wir ausgegangen sind, so *muſs es nothwendig*, laut des oben aufgezeigten Gesetzes, Y als bestimmte Substanz, und daſselbe als durch den Raum z bestimmt, setzen; es ist daher unter jener Bedingung nicht frei. Ferner ist es sodann auch in Abſicht der Ortsbestimmung von X bestimmt, und nicht frei; es muſs daſſelbe neben Y setzen. Das Ich bleibt demnach, unter der zu Anfange des ſ, gemachten Voraussetzung bestimmt und gezwungen. Aber es muſs frei seyn: und der noch fortdauernde Widerspruch muſs gelöst werden. Er läſst sich nur folgendermaaſsen lösen. Y und X müſſen beide noch auf eine andere Art bestimmt, und entgegengesezt seyn, ausser durch ihre Bestimmtheit, und Bestimmbarkeit im Raume, denn beide wurden oben abgesondert von ihrem Raume, demnach gesezt, als etwas für ſich bestehendes, uud für ſich unterschiedenes von jedem andern. Sie müſſen noch anderweitige charakteristische Merkmale haben, kraft welcher von ihnen der Satz A = A gilt, z. B. X sey roth, Y gelb u. dergl. Nun bezieht ſich die Regel der Ortsbestimmung gar nicht auf diese Merkmale, und es ist nicht gesagt, daſs Y als gelbes das im Raume bestimmte, und X als rothes das nach jenem im Raume bestimmbare seyn solle; sondern sie geht auf Y als auf ein bestimmtes, und in keiner an dem Rükſicht, auf X als auf ein bestimmbares, und in

keiner andern Rükficht; fie fagt, dafs das Objekt der
zu fetzenden Anfchauung nothwendig ein beftimmbares feyn müffe, und kein beftimmtes feyn könne, und
dafs ihm ein beftimmtes entgegengefezt werden müffe,
das infofern kein beftimmbares feyn könne. Ob eben
X als anderweitig durch feine innern Merkmale beftimmtes; oder Y als durch die feinigen beftimmtes, — beftimmbares oder beftimmtes im Raume feyn folle, bleibt
dadurch gänzlich unentfchieden. Und hier hat denn
die Freiheit ihren Spielraum; fie mufs ein beftimmtes,
und ein beftimmbares entgegenfetzen; aber fie kann unter anderweitig entgegengefezten zum beftimmten machen, welches fie will, und zum beftimmbaren, welches fie will. Es ift lediglich von der Spontaneität abhängig, ob X durch Y oder Y durch X beftimmt werde.

(Es ift gleichgültig, welche Reihe im Raume man
befchreibe, ob von A zu B oder umgekehrt; ob man
B neben A fetze, oder A neben B, denn die Dinge
fchliefsen fich im Raume *wechfelfeitig* aus).

VI), Das Ich kann zum beftimmten, oder beftimmbaren machen, welches es will, und es fezt diefe feine
Freiheit durch die Einbildungskraft auf die fo eben angezeigte Art. Es fchwebt zwifchen Beftimmtheit, und
Beftimmbarkeit, fchreibt beiden beides, oder, was das
gleiche heifst, keinem keines zn. Aber, fo gewifs eine Anfchauung, und ein Objekt einer Anfchauung vorhanden feyn foll, mufs, laut dem Gefetze, von welchem wir ausgegangen find, das Ich *Eins* von den beiden an fich beftimmten *zum beftimmbaren im Raume*
machen.

Warum

Warum es eben X oder Y oder jedes mögliche andre als beftimmbares fetze, darüber läfst fich kein Grund
anführen, und es foll gar keinen folchen Grund geben,
denn es wird durch abfolute Spontaneität gehandelt.
Diefes nun zeigt fich durch Zufälligkeit. Nur hat man
wohl zu merken, worin eigentlich diefe Zufälligkeit
liege.

Durch Freiheit wurde ein beftimmbares, deffen
Beftimmbarkeit als folche nach dem Gefetze nothwendig
ift, und welches als Objekt der Anfchauung ein beftimmbares feyn mufs, gefezt; im *Gefeztfeyn*, oder *Dafeyn*
des Beftimmbaren liegt demnach die Zufälligkeit. Das
Setzen des Beftimmbaren wird ein Accidens des Ich,
welches felbft zum, Gegenfatze, gefezt wird als Subftanz, nach der im vorigen §. angeführten Regel.

VII). Gerade wie im vorigen §. bei dem gegenwärtigen Punkte unfers fynthetifchen Verfahrens überhaupt,
fo find auch hier Ich und Nicht Ich völlig entgegengefezt, und von einander unabhängig. Innere Kräfte im
Nicht Ich wirken mit abfoluter Freiheit, erfüllen ihre
Wirkungsfphäre, fallen zufällig in Einem Punkte zufammen, und fchliefsen dadurch gegenfeitig, unbefchadet der Freiheit beider, fich aus von ihren Wirkungs-
fphären, oder wie wir jezt wiffen, aus ihren Räumen. —
Das Ich fezt als Subftanz, was es will, theilt gleichfam
den Raum aus an Subftanzen, wie es will; beftimmt
fich felbft durch abfolute Freiheit, was es zu dem im
Raume beftimmten, was es in ihm zum beftimmbaren
machen wolle; oder wählt durch Freiheit nach welcher
Richtung es den Raum durchlaufen wolle. Dadurch ift
aller Zufammenhang zwifchen dem Ich und Nicht Ich

G 3   auf-

aufgehoben; beide hängen durch nichts mehr zuſam-
men, als durch den leeren Raum, welcher aber, da er
völlig leer, und gar nichts weiter ſeyn ſoll, als die
Sphäre, in welche das Nicht Ich frei ſeine Produkte
realiter, und das Ich gleichfalls frei ſeine Produkte,
als erdichtete Produkte eines Nicht Ich, idealiter ſezt,
keins von beiden beſchränkt, noch ſie an einander
knüpft. Das Entgegengeſezt ſeyn, und dies unabhän-
gige Daſeyn des Ich, und des Nicht-Ich iſt erklärt, nicht
aber die geforderte Harmonie zwiſchen beiden. —
Den Raum nennt man mit Recht die Form, d. i. die
ſubjektive Bedingung der Möglichkeit der äuſſern Anſchauung. Giebt es nicht noch eine Form der Anſchauung, ſo bleibt die geforderte Harmonie zwiſchen der
Vorſtellung, und dem Dinge, die Beziehung derſelben
auf einander, demnach auch ſogar ihre Entgegenſet-
zung durch das Ich, unmöglich. Wir ſetzen unſern
Weg fort, und werden auf ihm ohne Zweifel dieſe
Form finden.

VIII).

1). Y und X in allen ihren möglichen Verhält-
niſſen und Beziehungen unter einander, ſo auch
in ihrem Verhältniſſe zu einander im Raume. —
beide ſind Produkte der freien Wirkſamkeit des
vom Ich völlig unabhängigen Nicht Ich. Sie ſind
dieſes aber nicht, und ſind überhaupt gar nicht
für das Ich, ohne eine eigne freie Wirkſamkeit deſſelben von ſeiner Seite.

2). Dieſe Wirkſamkeit beider, des Ich, und
Nicht-Ich, muſs Wechſelwirkſamkeit ſeyn, d. i.
die

die Aeußerungen beider müßen zusammentreffen
in einem Punkte: der absoluten Synthesis beider
durch die Einbildungskraft. Diesen Vereinigungspunkt *sezt das Ich* durch sein absolutes Vermögen,
und es sezt ihn, als *zufällig*, d. i. *das Zusammentreffen der Wirksamkeit beider entgegengesezten* ist
zufällig, laut des vorigen §.

3.) So wie eins von beiden Y oder X gesezt werden soll, muß ein solcher Punkt gesezt werden,
Es wird ein Objekt gesezt, heißt, es wird mit einem solchen Punkte, und vermittelst seiner mit einer Wirksamkeit des Ich synthetisch vereinigt.

4). Das Ich schwebt in Rüksicht der Beßimmt-
heit oder Unbeßimmtheit des Y oder X frei zwischen entgegengesezten Richtungen, heißt demnach: es hängt lediglich von der Spontaneität des Ich
ab, ob es Y oder X *mit dem Punkte*, und *dadurch
mit dem Ich* synthetisch vereinigen werde.

5). Diese so bestimmte Freiheit des Ich muß gesezt werden durch die Einbildungskraft; die *blosse
Möglichkeit* einer Synthesis des Punktes und einer
Wirksamkeit des Nicht Ich muß gesezt werden.
Dies ist nur möglich unter der Bedingung, daß
der *Punkt* von der *Wirksamkeit des Nicht-Ich* abgesondert gesezt werden könne.

6) Aber ein solcher Punkt ist gar nichts, denn
eine Synthesis der Wirksamkeit des Ich und Nicht-
Ich; mithin kann von ihm nicht alle Wirksamkeit

des

des Nicht-Ich abgefondert werden, ohne dafs er felbft gänzlich verfchwinde. Demnach wird nur das beftimmte X davon abgefondert; und dagegen ein unbeftimmtes Produkt, das à b. c. u. s. f. feyn kann, ein Nicht Ich überhaupt, mit ihm fynthe-tifch vereinigt; das leztere, damit er feinen be-ftimmten Charakter als fynthetifcher Punkt behal-te. (Dafs es fo feyn mufs, ift aus fchon oben an-geführten Gründen klar. Das Zufammentreffen des X mit der Wirkfamkeit des Ich, foviel als mit dem jezt zu unterfuchenden Punkte, follte zufäl-lig feyn, und als folches gefezt werden; das heifst offenbar foviel als, es foll gefezt werden, als da-mit zu vereinigend, oder auch nicht, demnach an feiner Stelle jedes mögliche Nicht Ich).

7). Das Ich foll, laut unfrer ganzen Vorausfe-tzung den Punkt mit X wirklich fynthetifch ver-einigen; denn es foll eine Anfchauung von X vor-handen feyn, welche fchon *als folche*, als blofse Anfchauung, ohne diefe Synthefis nicht möglich ift, laut des vorigen §. Diefe Synthefis nun ge-fchieht, wie vorher erwiefen worden, mit abfoluter Spontaneität ohne allen Beftimmungsgrund. Aber dadurch, dafs X mit dem Punkte vereinigt wird, wird alles mögliche übrige von ihm ausgefchloffen; denn er ift der Vereinigungspunkt des Ich mit ei-ner, als Subftanz, als felbftftändig, einfach, und frei wirkend gefezten Kraft im Nicht Ich; alfo werden mehrere mögliche Kräfte dadurch aus-gefchloffen.

8). Die-

8). Diefes zufammenfetzen foll nun wirklich ein Zufammenfetzen feyn, und als folches gefezt werden, d. i. es foll gefchehen durch abfolute Spontaneität des Ich, und das Zeichen derfelben, die *Zufälligkeit*, in keiner der oben angeführten Rükfichten, fondern auch indem die Synthefis wirklich gefchieht, und wirklich alles übrige ausgefchloffen wird, an fich tragen, und mit diefem Zeichen, und Merkmale gefezt werden. Dies ift nicht möglich, auffer durch Entgegenfetzung einer andern nothwendigen Synthefis eines beftimmten Y mit einem Punkte; und zwar nicht mit dem des X, denn von ihm wird durch diefe Synthefis alles andre ausgefchloffen, fondern mit einem *andern entgegengefezten* Punkte. Er heifse der Punkt c, und der mit welchem X vereinigt ift d.

9). Diefer Punkt c ift, was der Punkt d ift — fynthetifcher Vereinigungspunkt der Wirkfamkeit des Ich, und Nicht-Ich. Aber darin ift er dem Punkte d entgegengefezt, dafs mit dem leztern die Vereinigung betrachtet wird, als abhängig von der Freiheit; alfo, als auch anders feyn könnend; in c aber als nothwendig; fie kann nicht gefezt werden, als anders feyn könnend. (Die fynthetifche Handlung ift gefchloffen, völlig vorbei, und fie fteht nicht mehr in meiner Hand.)

10). Die Zufälligkeit der fynthetifchen Vereinigung mit d mufs gefezt werden, mithin mufs auch die Nothwendigkeit der Vereinigung mit c gefezt werden. Es müffen demnach beide in diefer Be-

zie-

.....ziehung gefezt werden, als nothwendig, und zufällig in Rükſicht auf einander. Wenn die ſynthe-
tiſche Vereinigung mit d gefezt werden ſoll, ſo
muſs die mit c als geſchehen gefezt werden; nicht
aber wird umgekehrt, wenn die mit c gefezt wird,
die mit d als geſchehen gefezt.

11). Nun ſoll die Syntheſis mit d geſchehen, laut
Poſtulats; wird ſie als ſolche gefezt, ſo wird ſie
nothwendig gefezt als *abhängig*, bedingt durch die
Syntheſis mit c. Nicht aber iſt umgekehrt c bedingt durch d.

12) Nun ſoll ferner die Syntheſis mit c gerade
das ſeyn, was die mit d iſt, eine willkührliche zufällige Syntheſis. Wird ſie als ſolche gefezt, ſo
muſs ihr wieder eine andre mit b als nothwendig
entgegengefezt werden, von welcher ſie abhängig,
und durch ſie bedingt iſt, nicht aber umgekehrt
dieſe durch ſie. Ferner iſt b das gleiche, was c
und d iſt, eine zufällige Syntheſis; und inwiefern
ſie als ſolche gefezt wird, wird ihr eine andre
nothwendige mit a entgegengefezt, zu welcher ſie
ſich gerade ſo verhält, wie ſich zu ihr c und zu
c d verhält; und ſo ins unendliche hinaus. Und
ſo bekommen wir eine Reihe Punkte, als ſynthe-
tiſche Vereinigungspunkte einer Wirkſamkeit des
Ich, und des Nicht Ich in der Anſchauung, wo
jeder von einem beſtimmten andern abhängig iſt,
der umgekehrt von ihm nicht wieder abhängt,
und jeder einen beſtimmten andern hat, der von
ihm

ihm abhängig ist, ohne dafs er felbft hinwiederüm
von ihm abhänge; kurz eine *Zeit-Reihe.*

13) Das Ich fezte fich, nach obiger Erörterung,
als völlig frei, mit dem Punkte zu vereinigen,
was es nur wollte; alfo das gefammte unendliche
Nicht-Ich. Der fo beftimmte Punkt ift nur zufällig, und nicht nothwendig; nur abhäugig, ohne
einen andern zu haben der von ihm abhängt, und
heifst der *gegenwärtige.*

14). Demnach find, wenn von der fynthetifchen
Vereinigung eines beftimmten Punktes mit dem
Objekte, mithin von der gefammten Wirkfamkeit
des Ich, die nur durch diefen Punkt mit dem Nicht-
Ich vereinigt ift, abftrahirt wird, die Dinge, an
fich, und unabhängig von dem Ich betrachtet, *zugleich* (d. i. fynthetifch vereinbar mit einem und
eben demfelben Punkte) im Raume; aber fie können nur *nach einander,* in einer fuccefsiven Reihe,
deren jegliches Glied von einem andern abhängig
ift, ohne dafs daffelbe von ihm abhänge, wahrgenommen werden in der Zeit.

Wir machen hierbei noch folgende Bemerkungen:

a). Es ift für uns überhaupt gar keine *Vergan-
genheit,* als inwiefern fie in der *Gegenwart* gedacht
wird. Was geftern war, (man mufs fich wohl trans-
scendent ausdrücken, um fich überhaupt ausdrücken
zu können) *ift nicht;* es ift lediglich, inwiefern
ich im gegenwärtigen Augenblicke denke, *dafs es*
geftern war. Die Frage: ift denn nicht wirklich
                                               eine

eine Zeit vergangen, ist mit der; giebt es denn
ein Ding an sich, oder nicht, völlig gleichartig.
Es ist allerdings eine Zeit vergangen, wenn ihr
eine setzet, als vergangen; und wenn ihr jene Frage
aufwerft, setzet ihr eine vergangne Zeit; wenn ihr
sie nicht setzet, werft ihr jene Frage nicht auf,
und es ist sodann keine Zeit für euch vergangen. —
Eine sehr greifliche Bemerkung, welche schon
längst zu den richtigen Vorstellungen über die Idealität der Zeit hätte führen sollen.

b). Aber es ist für uns nothwendig eine Vergan-
genheit, denn nur unter Bedingung derselben ist
eine Gegenwart, und nur unter Bedingung einer
Gegenwart ein Bewußtseyn möglich. Wir wieder-
holen im Zusammenhange den Beweis des leztern,
welcher eben in diesem §. geführt werden sollte. —
Bewußtseyn ist nur möglich unter der Bedingung,
daß das Ich ein Nicht-Ich sich entgegensetze; dieses Entgegensetzen begreiflicher Weise nur unter
der Bedingung, daß es seine ideale Thätigkeit auf
das Nicht Ich richte. Diese Thätigkeit ist die seinige, und nicht die des Nicht-Ich, lediglich inwiefern sie frei ist, inwiefern sie demnach auf jedes andre Objekt gehen könnte, als auf dieses. So
muß sie gesezt werden, wenn ein Bewußtseyn möglich seyn soll, und so wird sie gesezt, und das ist
der Charakter des gegenwärtigen Moments, daß
auch jede andre Wahrnehmung in ihn fallen könnte. Dies ist nur möglich unter Bedingung eines
andern Moments, in den keine andre Wahrnehmung gesezt werden kann, als diejenige, welche

in

in ihn geſezt iſt; und das iſt der Charakter des ver-
gangnen Moments. Das Bewuſtſeyn iſt alſo nothwendig Bewuſtſeyn der Freiheit, und der Identität; das leztere darum, weil jeder Moment, ſo gewiſs er ein Moment ſeyn ſoll, an einen andern ge-
knüpft werden muſs. Die Wahrnehmung B iſt keine Wahrnehmung, wenn nicht eine andere A deſſelben Subjekts vorausgeſezt wird. Möge jezt A
immer verſchwinden; ſoll das Ich zur Wahrnehmung
C fortgehen, ſo muſs wenigſtens B als Bedingung
derſelben geſezt werden; und ſo in's unendliche
fort. An dieſer Regel hängt die Identität des Bewuſtſeyns, für welche, der Strenge nach, wir immer nur zweier Momente bedürfen. — Es giebt gar
keinen *erſten* Moment des Bewuſtſeyns, ſondern nur
einen *zweiten.*

c). Allerdings kann der vergangne Moment, und
jeder mögliche vergangne Moment wieder zum Bewuſtſeyn erhoben, repraeſentirt oder vergegenwär-
tiget, geſezt werden, als in *demſelben* Subjekte vor-
gekommen, wenn darauf reflektirt wird, daſs in
ihn doch auch eine andre Wahrnehmung *hätte fallen können.* Dann wird demſelben wieder ein andrer ihm vorhergehender entgegengeſezt, in welchen, *wenn* in den leztern einmal eine gewiſſe beſtimmte Wahrnehmung geſezt werden ſoll, keine
andre fallen konnte, als die, welche in ihn gefallen iſt. Daher kommt es, daſs wir immer, ſoweit
wir nur wollen, ja in's unbedingte, und unendliche
hinaus, zurükgehen können.

d). Eid). Eine beſtimmte Quantität des Raums iſt immer *zugleich*; eine Quantität der Zeit immer *nach einander*. Daher können wir das eine nur durch das andre meſſen; den Raum durch die Zeit, die man braucht, um ihn zu durchlaufen; die Zeit durch den Raum, den wir, oder irgend ein regelmäſsig ſich fortbewegender Körper (die Sonne, der Zeiger an der Uhr, der Pendul) in ihr durchlaufen kann.

Schluſs-Anmerkung.

Kant geht in der Kritik d. r. Vft. von dem Reflexions-punkte aus, auf welchem Zeit, Raum, und ein Mannig-faltiges der Anſchauung gegeben, in dem Ich, und für das Ich ſchon vorhanden ſind. Wir haben dieſelben jezt a priori deducirt, und nun ſind ſie im Ich vorhanden. Das Eigenthümliche der Wiſſenſchaftslehre in Rükſicht der Theorie iſt daher aufgeſtellt, und wir ſetzen unſern Leſer vor jetzo gerade bei demjenigen Punkte nieder, wo *Kant* ihn aufnimmt.

Folgende Drukfehler bittet man zu verbeſſern.

S. 11. Z. 11. v. u. ſoll in *empfunden*, *emp.* mit Curſiv,
und *funden* mit gemeiner Schrift gedrukt ſeyn.
22 — 13. l. *inwiefern* st. *wofern*
28 — 13. l. *vorkommt* st. vorkommen
11. v. u. *und* st. *un*
51 — 9. l. *in ihr* st. *ihr in*
52 — leztes Wort *dem* st. *des*
45 — 4. l. *ruhend* st. ruhen
47 — 6. l. *Ich* st. *Nicht-Ich*
63 — 13. l. *auf* st. *auch*
72 — 5. l. *einen* st. *keinen*
76 — 13. l. *den* st. *dem*
79 — 4. v. u. l. *Subſtans* st. *Subſtant*
3. v. u. l. *Accidens* st. *Accident*
80 — 16. l. beide st. deide
81 — 10. v. u. l. *nichts* st. *nicht*
83 — 9. v. u. l. *iſt* st. st.
84 — 7. l. *derjenige* st. *dasjenige*

Die übrigen Drukfehler wird der geneigte Leſer leicht
ſelbſt bemerken.